大谷翔平 メジャーへの挑戦

野球少年が日本で大物高卒ルーキーに、
世界で投手・打者の
二刀流メジャーリーガーになるまでの略歴

1994 7月5日 岩手県に生まれる

2003 小学校3年生
リトルリーグで野球を始める

2010 花巻東高等学校に進学
3年生の夏、全国高等学校野球選手権岩手大会の準決勝でアマチュア野球史上初となる時速160kmを記録。第25回AAA世界野球選手権大会の日本代表に選出。

2013 北海道日本ハム
ファイターズに入団
史上最年少での完投勝利、オールスター・ゲームに投手・野手として選出、日本プロ野球最速記録も次々と更新するなど活躍。2016年、史上初となる投手・野手両方でベストナイン賞を受賞。

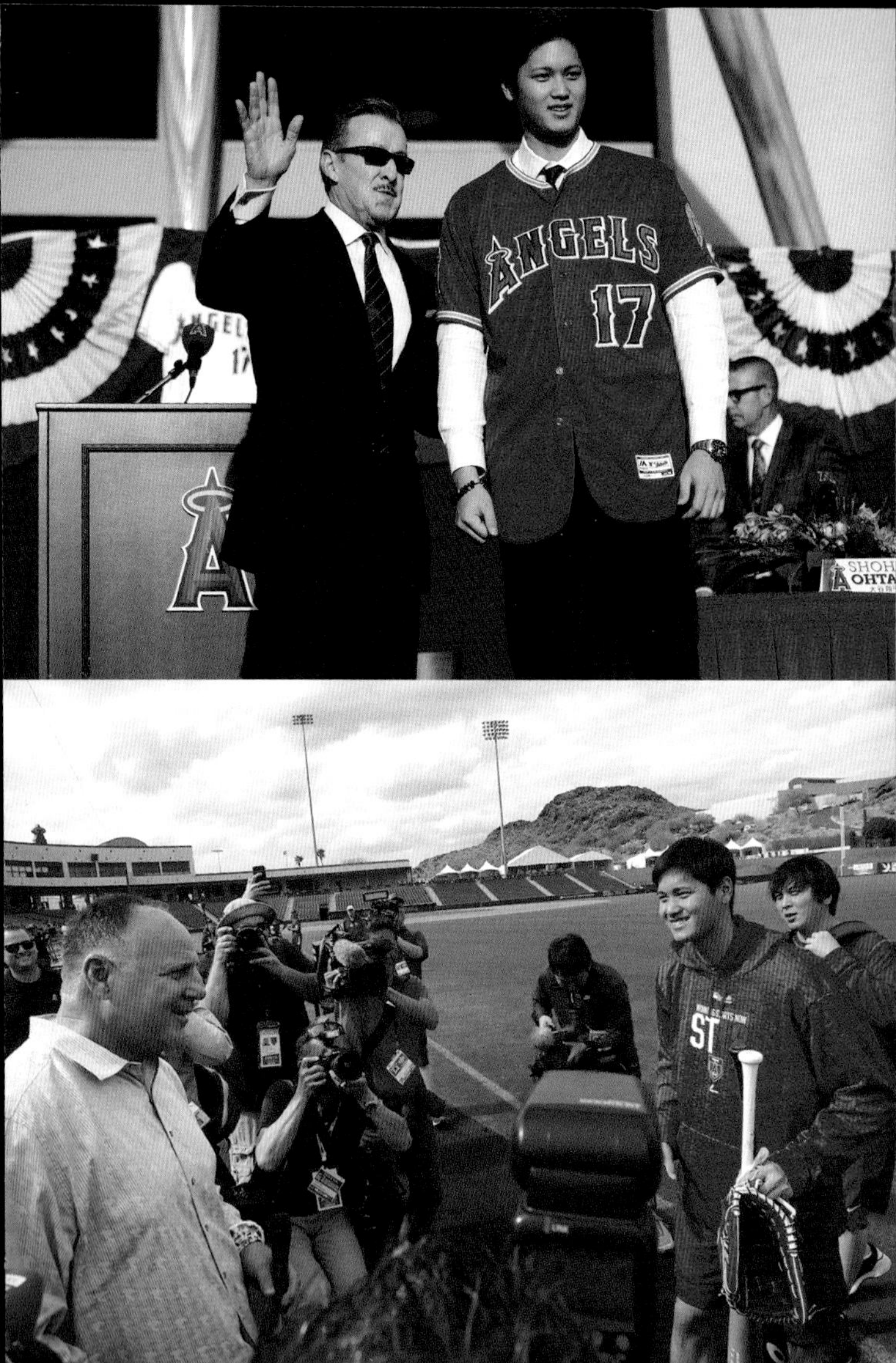
ANGELS
17

2017　メジャーリーグ挑戦を表明

ポスティングシステムを利用してロサンゼルス・エンゼルスに移籍。12月9日、エンゼル・スタジアムの正面に特設ステージを設置して入団記者会見が開かれる。

2018　2月 スプリング・トレーニングに参加

招待選手として参加し、2試合で登板、11試合で打席に立つ。

右頁上●2017年12月9日、球団本拠地のエンゼル・スタジアムでの入団記者会見。エンゼルスのオーナー、アルトゥーロ・モレノとともに観客の前に立った。

右頁下●テンピ・ディアブロスタジアムでのスプリング・トレーニング。マイク・ソーシア監督に挨拶をする大谷と通訳の水原一平。

左●大谷と通訳の水原。球団のユニフォームでスプリング・トレーニングに参加する。写真は球団からの提供。

下●チームメイトやスタッフと一緒に練習前のストレッチをする大谷。

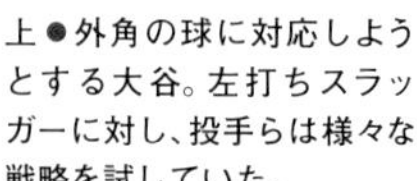

上●外角の球に対応しようとする大谷。左打ちスラッガーに対し、投手らは様々な戦略を試していた。
中●メジャーで初ヒットを打った大谷を祝福するチームメイトのマイク・トラウト。
下●大谷の登板はおおむね週に1度で全10登板のうち6回が日曜日。〝翔平と過ごす日曜〟がイベントとして定着し、二刀流選手を一目見ようと球場に大勢のファンが詰めかけた。写真は球団からの提供。

Shohei Ohtani:
The Amazing Story of Baseball's Two-Way Japanese Superstar
By Jay Paris
Translation by Maiko Seki

大谷翔平
二刀流メジャーリーガー誕生の軌跡

ジェイ・パリス

関 麻衣子＝訳

&books

ブックデザイン：鈴木成一デザイン室

大谷翔平

二刀流メジャーリーガー誕生の軌跡

はじめに

エンゼルスの試合前には毎回、スタジアムに『センド・ミー・アン・エンジェル』が大音量で流れている。ちなみに私の家にも、エンジェル——守護神——と呼ぶべき二人の存在があることを、ここで記しておきたい。

ジャック・パリス、そしてジーン・パリスという両親の存在がなければ、私は野球をここまで愛することはなかっただろうし、地元の球団への強い愛を培うこともなかった。両親の存在があり、二人が私を信頼してくれたからこそ、幼いころから毎年のように地元の球団を応援する夏を過ごすことができたのだ。当時はカリフォルニア・エンゼルスであり、それからアナハイム・エンゼルス、やがてロサンゼルス・エンゼルスへと名称を変えていったこのチームを。

父ジャック・パリスはスポーツ・マニアというわけではなかった。父の熱意はもっぱら、ロサンゼルス郡のソーシャルワーカーとして、30年以上に渡って恵まれない人々を助けることに向けられていた。

母ジーン・パリスもまた、ボックススコアや打率の分析家などではない。次世代を担う若者を育むために、母はタスティン近郊で40年間も熱心に教鞭を執っていた。

それでも両親は、息子の野球への愛を尊重して協力してくれたので、私は思う存分応援に力を入れることができた。シュウインの自転車でスタジアムに通うことも許してくれた。当時は今のように、ヘルメットを被ったりポケットにスマートフォンを挿したりはしていなかったけれど。

それだけでなく、試合開始の3時間前という、バッティング練習すら始まらない時間にスタジアムに着くことも許してくれたし、試合後も好きなだけとどまって、お気に入りの選手たちを眺めていることを認めてくれた。

エンゼルスファンは誰もが熱意に溢れているが、私の両親ほど控えめな態度のファンも珍しいと思う。

エンゼルスというチームをスタジアムの内外で追い続けられたのは、とても貴重なことだ。だがそれ以上に、父と母に育ててもらったこと以上に幸せなことはない。心から感謝している。

ジェイ・パリス

目次

はじめに　12
まえがき　マーク・ラングストン　16
プロローグ　23
第1章　〝ハイ、マイ・ネーム・イズ・ショーヘイ・オオタニ〟　29
第2章　野球漬けの少年時代　37
第3章　渡米を踏みとどまった理由　41
第4章　アマチュアからプロへ　45
第5章　二刀流の覚醒　51
第6章　メジャーデビューに向けて　57

第7章　歓喜の入団会見　67
第8章　懸念のスプリング・トレーニング　73
第9章　3月・4月　〝翔(ショー)タイム〟の幕開け　81
第10章　5月　メジャーでも輝く実力　107
第11章　6月　待ったをかける肘　135
第12章　7月　打者として躍進　151
第13章　8月　左投げとの対峙　175
第14章　9月　二刀流を封じたデビューシーズンの閉幕　201
第15章　注目の2021シーズン　241
第16章　有言実行でつかんだWBC優勝　249
謝辞　260

まえがき

マーク・ラングストン

私が初めて〝大谷翔平〟という名を耳にしたのは２０１７年の春ごろのことで、母がその名を教えてくれた。『60ミニッツ』というテレビ番組の特集を見て、日本人の〝ジョーヘイ〟とかいう選手が素晴らしいそうだ、と話してくれたのだ。

その後、大谷獲得に躍起になる多くの球団の中から、彼がロサンゼルス・エンゼルスを選び、メジャーでのキャリアをスタートさせることが決まった。それは私にとって非常に幸運なことだった。

エンゼルスにはメジャーリーグ屈指の名選手マイク・トラウトがいるが、それに加えて大谷翔平というエキサイティングな存在を迎え入れることができたのだ。

翔平のメジャー1年目の野球は、われわれが1世紀近く目にしていなかったものだった。開幕当初から翔平は、メジャーリーグのキャリアを始めるにはこれ以上ないほど、大きな期待を背負ってのスタートを切った。

数多くの日本人選手が鳴り物入りで渡米してくる。しかし、メジャーの名選手たちの手ごわさに、前評判通りの活躍を見せるのはなかなか難しいのが実情だ。

翔平もまた、スプリング・トレーニングでは不振に終わり、メジャーでの活躍を期待させるような成績は残せなかった。それでも多くの選手は、開幕前を準備期間として割り切り、シーズンが始まればスイッチを切り替えたように始動する。そう思えるのは、過去にそういった選手たちの姿をわれわれが見てきたからだ。

ところが翔平に関してわれわれが見てきたのは、スプリング・トレーニングでの冴えない姿のみであり、それだけでしか彼の力を推し測ることができなかった。もしかすると、マイナーでのスタートになるかもしれないという噂が流れたほどだ。

私の考えでは、翔平は投手としての実力は確かであり、どこでプレーしようとそれは変わらないと思っていた。実力とはつまり、160km級のピッチングに、スプリットもスライダーも得意としていることだ。この実力によって、翔平は日本で投手としての実績を積み重ねてきた。

翔平が証明しなければならないのは、打者としての実力だと私は思っていた。対戦相手のメジャー投手は自由自在に球を変えるし、そのスキルの高さは尋常ではない。どんな相手にも弱点を見つけて狙ってくる。もし翔平が苦労するとすれば、それは打席においてだろうと私は考えていた。

ところが、メジャーデビュー後1週間の翔平は衝撃的だった。開幕戦、第1打席での初安打、投手として初先発での勝利、本拠地デビュー戦から3連続のホームラン……スプリング・トレーニングから開幕までに、信じられないほど調子を上げてきたのだ。

それからというもの、翔平がプレーするたびに本拠地でも敵地でも人々が騒ぐようになった。他の街へ行っても、対戦チームのラジオ番組が彼の動向を気にしている。他の球団のファンも、噂に聞く二刀流の選手に興味を抱いている。どんな選手で、どういったプレーをするのか、誰もが一目見たいと思っているのだ。

カリフォルニア南部のエンゼルスファンに翔平が大歓迎されているのは、見ていてとても嬉しいものだ。投手として登板するとなれば、人々は絶対に見逃せないと思っている。エンゼル・スタジアムは、翔平が先発登板する試合では満員となる。その優れた才能ゆえに、いつでもノーヒットノーランを達成する可能性があるからだ。

私がこれほど翔平に感銘を受けているのは、自分自身もメジャーで16年間プレーし、一つのポジションだけを極めることすら難しいのを知っているからだろう。よい打者となるためには気が遠くなるほどの練習が必要だ。また、よい投手となるためにも計り知れない努力が必要なのだ。

そう思っている私が、翔平の投打双方における能力の高さを見て、どれだけ衝撃を受けたことか。

２０１８年の翔平の打者としての成績を見ると、打席数はやや少ないものの、日本でもっとも成績のよかった２０１６年と似たような流れになっている。打者としての能力の高さがうかがい知れるところだ。

そして肘を故障するまでの全10登板において、翔平は先発ローテーション投手にふさわしいパフォーマンスを見せた。次のシーズンには投げられないが、投手としても打者としても、翔平の未来はとても明るいと言えるだろう。

二刀流の能力もさることながら、翔平には信じられないほどの意識の高さがある。

彼は食べるときも、飲むときも、眠るときも野球のことを考えている。一流の選手になることだけに意識を集中させ、それを邪魔するようなことには決して時間を費やさない。

選手の中には、「もう35か、潮時だな。あっという間の野球人生だった」と言う者もいるだろう。だが、常にトップを目指している翔平に、そんな台詞を言う未来は決して訪れないはずだ。

翔平は技術を向上させるための努力を怠らず、常にベストを尽くしている。言い訳をするようなことは決してなく、オフのときも練習のときも、目標を妨げるような要素が入り込む隙を与えない。

それでいて、チームメイトとしても素晴らしい人間であり、仲間の態度を見ればそれがわかる。まだまだ新人の青二才であることは事実なので、選手たちからはジョークや笑い話のネタにされることも多い。本人もそんな立場をよくわかっていて、それを楽しんでいる。いつも笑顔でいるのはその証だろう。

チームメイトたちは翔平を夕食に連れ出したがるが、出かけたとしても彼は早めに切り上げるのが常だという。睡眠時間を確保し、プレーの質を落とさないことを最優先としているからだ。

彼のそんなところが私はとても好きだ。ささいなことでも、決しておろそかにしない。自分が望むことを明確に意識し、それを実行に移す。そんな姿勢を心から称えたい。

翔平がアメリカン・リーグの新人王を獲らない理由は見当たらない。翔平がデビュー1年目で成し遂げたことは、人々の想像をはるかに超えたものであり、野球史を振り返ってみても類を見ないものだった。

本書は、南カリフォルニアでスポーツ・ライターとして長く活躍しているジェイ・パリスによる著書で、読者は大谷翔平のエキサイティングなメジャー1年目を体感することができるだろう。

また、大谷がどのような環境で育ち、どんな過程を経て、独自の道を切り拓くだけの力を持った類まれな野球選手となっていったのか。そういったことも記されている。

本書を手に取り、大谷の数々の軌跡をたどって新たな発見を楽しむのもいいだろう。あるいは、ページをめくるごとにシーズンを再体験してみるのもいいかもしれない。その記録は永久保存版であり、エンゼルスファンだけでなく、世界中の野球ファンの宝となるに違いないのだから。

プロローグ

どこを見ても、オレンジの果樹園が果てしなく広がり、オレンジの花の香りが漂っている。それゆえ、この地はオレンジ郡と名づけられた。ここは田舎の農業地帯であり、プロのスポーツチームなどとは無縁の場所だった。

だが、エンゼルスが１９６６年にアナハイムに移転してくると、すべてが変わった。エンゼルスはオレンジ郡に桁違いの集客をもたらすと同時に、３マイル道を下ったところに住む筆者に、生涯に渡る情熱を抱かせることになる。

ビッグAと呼ばれるスタジアムは圧倒的で、この地域で最大の建造物であることは間違いない。子どものころにビッグAを見上げたとき、私は『ジャックと豆の木』を思い出したものだ。

ナイトゲームでは、巨大なAの文字を囲む〝天使の輪〟が光り、チームの勝利を知らせてくれる。デイゲームのときは、ビッグAまで自転車で一本道を突っ走るのが何よりの楽しみだ。もちろん、いつも3時間前に到着してバッティング練習や補球練習をレフト側から見学する。それから選手たちが出てくるのを待ち、サインや握手を求めるのだ。ほとんどの選手が快く応じてくれる。

選手だけでなく、初代オーナーのジーン・オートリー――〝歌うカウボーイ〟と呼ばれる俳優――の存在も、私の心に強く刻まれている。子ども好きなオートリーは、オールスターの常連だったジム・フレゴシと連れ立って歩いていることが多かったが、近くを通りかかるといつも頭を撫でてくれた。よほど子どもが好きなのかと思っていたが、誰に対しても心優しく接する人物なのだとあとで知った。

私がリトルリーグで野球をやっていたころは、大谷翔平のような選手は数多くいた。ピッチングもバッティングもこなし、それを楽しむ少年たちは珍しくなかった。しかし、よく知られているようにメジャーリーグには二刀流をよしとしない風潮がある。大谷があらわれ、1年目で野球史を変えるまでは。

大谷を観ていると、忘れていた何かが私の中で動き出した。子どものころ、自転車でビッグAまで走っていたときの気持ちが甦ってきたのだ。彼は自分のスタイルの野球で素晴らしいプレーを見せてくれるので、他の選手に目を向ける暇がないほど惹きつけられる。大谷はあっという間に、私にとって一番のお気に入りの選手となった。

大谷がビッグAで登板するとき、私はノーラン・ライアンを思い出す。ライアンが登板するとなると観客は一気に増え、人々の期待の高さは一目瞭然だった。とてもエキサイティングで、大谷を観ているとあのときと同じ感覚を抱いている自分に気づく。

エンゼルスファンをやっていると、胸の痛くなるような経験も避けられない。1986年のアメリカン・リーグ・チャンピオンシップ第5試合を観戦していたとき、9回にデイヴ・ヘンダーソンが2ストライクを経てホームランを打った。そのとき私は勝利を確信し、ダグアウト近くの座席を飛び出してフィールドに駆け込もうと、片足を柵にかけていた。しかし、エンゼルスは結局レッドソックスに敗北し、ワールドシリーズの出場がようやく叶ったのは２００２年のことだった。ついにたどり着いた夢の舞台で、私は第6試合のスコット・スピージオのホームランを目の当たりにし、翌日の最終決戦でエンゼルスが初の王者となるのを見届けることができた。

こうした思い出に加え、ロッド・カルーの３０００本安打達成、ノーラン・ライアンの３８３奪三振も目にしてきた。名キャスターであるディック・エンバーグの滑らかな声による実況とともに、１９７９年にエンゼルスが初めて西地区の優勝を飾ったことも心に刻まれている。

大谷が少年のように喜びをあらわにしてプレーするのを観ていると、どんな少年も大人に制限されるまでは、投打の双方を楽しんでいたことを思わずにいられない。そして同時に、ユニフォームを着ることのなかった亡き二人の守護神(エンジェル)、ジーン・オートリーとディック・エンバーグに思いを馳せる。

オートリーが生きていたら、大谷の二刀流を心から支持していたことだろう。彼は〝歌うカウボーイ〟としてラジオやテレビ、映画に出演していただけではなく、スポーツビジネスの才能にも恵まれていた。きっと真っ白なカウボーイハットを軽く持ち上げ、大谷の才能に敬意を表していたに違いない。

そしてエンバーグが大谷の試合を実況していたら、どんなに素晴らしかっただろうか。彼の明るく情熱的な実況は、ビッグAにとてもよく合っていた。大谷本人の人となりにも、よくマッチしていただろう。もちろん、目をみはるようなホームランを打てば、エンバーグの代名詞でもある例の台詞が出るはずだ――「オオタニ――Oh、My!」

大谷のメジャー1年目は〝Oh、My〟に満ちていた。彼は世間に衝撃を与え、楽しませながら、謙虚で礼儀正しさを忘れない。オートリーとエンバーグはきっと大谷のプレーを愛し、楽しんで観たことだろう。いや、もしかすると観ているのかもしれない。天国にケーブルTVがあるかどうかは定かでないが、あるとすれば、エンゼルスの試合を放送しなくてどうするというのだ。

第1章
〝バイ、マイ・ネーム・イズ・ショーヘイ・オオタニ〟

いいバッティングをしたい、
いいピッチングをしたい。
それをいつも望んできました
――大谷翔平

〝ハイ、マイ・ネーム・イズ・ショーヘイ・オオタニ〟。

当時もっとも注目を集めていた一人の野球選手がエンゼルスファンにこの6語で自己紹介をした。2017年の暖かな12月9日に行われた大谷翔平の入団会見は、野球史で長く語り継がれることだろう。

日本人の二刀流スター選手である大谷は、並みいるメジャー球団の垂涎（すいぜん）の的であり、そんな彼がロサンゼルス・エンゼルスを選択したことは、チームにとって大勝利に他ならなかった。

投げることにも打つことにも秀でた貴重な存在を得た日であることは間違いない。そして大谷は、恥じらいと若さの溢れる第一声で世間に語りかけた。

二刀流の才能は大谷独特のものであり、投手か打者のどちらかに専念したほうがいいという意見もあったのは事実だ。それでも大谷は投打双方に高い能力を持ち、二刀流でメジャーに挑んでいこうという不屈の精神を持っていた。

野球が発展してきた歴史を振り返ると、確かに一つのスキルだけを磨くのが常識となっている。投手としての腕を磨くなら、打撃は控えなければならない。打者として活躍するなら、登板は避ける。どうしてもという場合は最小限に。

ところが大谷があらわれて、インサイドアウトのスイングで逆方向へヒットを打つかのように、この常識を覆してしまった。

彼のパフォーマンスは圧倒的で、そのクオリティは二刀流が絵空事などではないと信じるに足るものだった。

もし大谷が、周りから二刀流など諦めてどちらかに専念するよう、説得されたとしたらどうだろう。

「〝ピッチャーなのにバッティングもできる〞とか、〝バッターなのにピッチングもできる〞というのを目指しているわけじゃないんです」大谷は北海道日本ハムファイターズで最後のシーズンを迎えるにあたり、共同通信社にそう語っていた。

「そうではなくて、ただどちらもやりたいんです。子どものころから、ずっとどちらもやりたかった。野球を始めたときも、一流のピッチャーになるんだとか、一流のバッターになるんだとか思っていたわけじゃない。いいバッティングをしたい、いいピッチングをしたい。それをいつも望んできました」

その思いは、1919年のベーブ・ルース以来の二刀流選手という触れ込みに周囲が懐疑的な目を向けても、揺らぐことはなかった。

「〝ピッチャーに専念すればもっといいピッチャーになれるのに、なぜそうしないんだ〞

と言われても、僕が言えるのは、どうしてもいいバッターにもなりたいということだけですね」

大谷の偉大さは、ユニフォーム姿で見せるパフォーマンスの質や、160km超えの投球や137m超えのホームラン、そしてそれに酔いしれる大観衆だけで測れるものではない。心の奥底で、彼は他人と違うことをやってみたいという思いを抱いていたのだ。自分だけの独自の野球をやりたいという、確固たる信念を持っていた。

単純に考えれば、練習時間を投打の双方に半分ずつ割り当てればいい。しかし、大谷は誰よりも努力した。そうすることで、人々の常識を覆そうという大谷の挑戦は、誰も予想しなかった野球を可能とし、周りの意識を変えていくことになった。

大谷の信じられないようなプレーは1世紀近くも人々が目にしていなかったものであり、それゆえに彼の人気には一気に火がついた。

ファンが大谷に惹きつけられるのは、メジャーリーグという高いレベルの場で彼が新たな挑戦をしているからでもある。彼自身にしか見えないであろう山頂を目指して邁進（まいしん）していく姿が、人々の心をとらえるのだろう。

さらに、大谷独特の〝流儀〟もまた、称賛の的となっている。

親の目線で見てみると、大谷は非常に礼儀正しい人物であることに気づく。日本の文化をそのままに、大谷は誰かに近づくときに礼をする。それが相手チームのキャッチャーや審判であっても、その日の最初の打席に入るときには礼を欠かさない。

打球がとらえられてアウトとなれば、戻って自分が放り投げたバットを取りに行く。フォアボールで歩く際は、足首、肘、手首からサポーターを外し、綺麗にまとめてバットボーイに渡す。

ところで、メジャーリーガーにはヒマワリの種を食べる習慣がある。大谷もキャンプに参加したときから食べるようになり、味も気に入ったようだった。

しかし、大谷の足もとを見ても種の殻は見つからない。それは試合中、あちこちに動きまわっているせいではない。

礼儀正しい大谷は、地面に吐き捨てた殻を球場の職員に掃除させることはしたくない。だからいつも紙コップを手もとに置き、そこに殻を捨てている。

二刀流という独特のプレーをやり通す際には、様々な場面で柔軟性が必要となってくる。大谷はメジャーリーグのロッカールームになじめるのだろうか、という疑問を持つ者もいるかもしれない。

心配は無用だ。たとえば、チームメイトのタイラー・スキャッグスが大谷のロッカーの前を通り、スマートフォンの画面に没頭している彼を見つけたとする。

スキャッグスが大谷の頭をポンと叩いてちょっかいを出すと、大谷は笑顔を見せ、二人とも笑い出すのだ。

大谷のロッカーがあるのはクラブハウスの西側の端で、将来は殿堂入りが確実なアルバート・プホルスとも近い。コンクリートの仕切りがあるとはいえ、他にさえぎるものはないので、大谷は多くのチームメイトから親しげに声をかけられている。

まるで弟のように大谷をからかうのも、彼の挑戦がどれだけ大きなものかチームメイトが知っているからなのだろう。リラックスさせることで、歴史的な試みに挑む大谷を仲間として支えようとしている。

大谷の向かいで右側のロッカーを使っているマイク・トラウトが、ミニバスケットゴールにシュートを始めると、すぐに大谷も加わって競い出す。

ジャンプシュートのフォームが、大谷にとってのウォームアップにもなる。そしてトラウトにロッカーの近いジャスティン・アプトンが割って入り、トラウトを下してシュート大会を制する、という光景もロッカールームの一幕だ。

トラウトは、その太い腕をしょっちゅう大谷の肩に回すことで知られている。二人はスプリング・トレーニングでも一緒にいることが多く、トラウトの運転するゴルフカートに大谷が飛び乗ってグラウンドを走りまわる姿も見られた。

顔を合わせるとすぐに笑みを交わす二人の友情は、大谷の入団前から始まり、強固なものとなった。自身の結婚式の準備で忙しいはずのトラウトが、ビデオ通話で大谷に入団をすすめてきたという経緯もある。

このことに大谷は心を動かされ、以来エンゼルスのスター選手と注目の新人選手のあいだに絆が生まれた。トラウトは自分以外の選手がスポットライトを浴びても妬んだりせず、大谷の入団を心から喜んだ。

大谷ものちに、トラウトを祝福することになる。すっかり彼と親しくなっていた大谷は、入団会見の際にトラウトの結婚を祝うコメントを述べ、さらにとっておきの一言を放つ。なぜ背番号17番を選んだのかと訊かれると、トークショーのコメディアンのように、「本当は27番（トラウトの背番号）がよかったんですけど、埋まっていたので17番にしました」と言ったのだ。

会場は爆笑に包まれ、大観衆は一人残らず笑顔になった。カテラ通りを1マイルも行けばディズニー・リゾートがある街で、大谷はこの日エンゼル・スタジアムを夢と魔法の国に変えたも同然だった。

大谷は野球史に新たな軌跡を残すべく、エンゼルスのユニフォームを着て歩み出した。このチームはジーン・オートリーを始め、ボー・ベリンスキー、ディーン・チャンス、ジム・フレゴシ、クライド・ライト、アレックス・ジョンソン、ノーラン・ライアン、ロッド・カルー、レジー・ジャクソン、ヴラディミール・ゲレーロといったスターを生み出してきた。もちろんマイク・トラウトも偉大な先人たちと肩を並べることだろう。

先人たちの足跡は確かにこのチームに残されている。誰もがエンゼルスのユニフォームを着ることに誇りを持っていたが、それは1930年代にベーブ・ルースのルームメイトだったジミー・リースにとっても同じだっただろう。

ベーブ・ルースの再来と言われる大谷を、エンゼルスの元コーチであるリースが目にしていたらどうなっただろうか。92歳でこの世を去るまで、得意のノックに精を出していた陽気なリースは、誰よりも大きな声で大谷に声援を送っていたに違いない。

オフシーズン、にわかに期待を高めて騒ぎたくてたまらないエンゼルスファンも、スタジアム前で行われた大谷の入団会見の前には静まり返らねばならなかった。しかし、すべての人々の記憶に残るあの6語を耳にしたあとは、誰一人として歓声を抑えることはできなかった――〝ハイ、マイ・ネーム・イズ・ショーヘイ・オオタニ。〟

第2章

野球漬けの少年時代

大谷が才能と目標意識の高さをあわせ持つ、
夢のような逸材であることは間違いなかった

まだ幼い大谷翔平の左打ちを受けたボールは、たびたび川に飛び込んでいってしまい、監督のカミナリが落ちるのが常だった。

ボランティアで野球を教えている大人が、早熟な子どもに向かって反対側へ打つようにと説得する姿が目に浮かぶようだ。少年野球のチームで使えるボールは数が限られているのに、大谷が打つと川へ落として濡れてしまい、使い物にならなくなるのだ。ちなみに小学校2年生で野球を始めた大谷は、バッティング練習で目覚ましい能力をすでに発揮していた。

当時から、大谷の伝説は始まっていたのかもしれない。不可能を可能にし、誰も想像しなかった境地へとたどり着くことになる一人の少年は、やがて太平洋の東西でファンを熱狂させるスター選手へと成長していく。

大谷は1994年7月5日に、東京から北へ400km以上も離れた地方の町で生まれた。育ったのは華やかな国際都市ではなく、岩手県奥州市という寒さの厳しい地域だ。

大谷の両親は二人とも元アスリートであり、息子は確かにその血を受け継いでいる。父親の徹は社会人野球の名門チームである三菱重工横浜でプレーし、引退したあとは社業に就いた。母親の加代子は元バドミントン選手で、同社の実業団チームに所属していた経歴を持つ。

大谷翔平が岩手県の花巻東高校に進学するころには、明確になっていたことが二つある。

彼が夢中になっているのは、歴史と野球であるということだ。

特に野球への思いは強かった。

一流の選手になりたいと願っていたが、そのためには計画を練る必要がある。そう思っていた矢先、野球部の監督が大谷やチームメイトたちに目標を紙に書き出すよう指示した。さらに目標を達成する方法も書かせることで、選手たちは夢に向かう道筋を具体的に記して意識することになった。

右投げ左打ちの大谷は、日本のプロ野球ドラフト会議で8球団から1位指名を受けることを目標に掲げた。

日本のプロ野球界では、ドラフト第1巡目では全球団が新人選手を指名することができ、重複していた場合は抽選が行われる。

8球団から指名されるためには、同じ花巻東高校からプロ入りした左投げ左打ちの菊池雄星をしのぐ選手になる必要がある。

これを達成するためには、目標設定シートの残り80マスを埋めた課題を一つ一つこなしていかなければならない。その中で大谷が特に重点を置いたのは、メンタルの強さと体作り、そして160㎞を超えるピッチングを可能とする右腕の強さとコントロール力を身につけることだった。

大谷が才能と目標意識の高さをあわせ持つ、夢のような逸材であることは間違いなかった。野球界の階段を登っていく大谷に、不可能なことはほとんどないように思われた。

2年生のとき、大谷はニューヨーク・ヤンキースでも活躍した田中将大がやはり高校2年のときに出した150㎞を叩き出し、3年生のときにはアマチュア選手として前例のない記録を出した。スピードガンが示した数字は、160㎞にも及んだのだ。

課題を着実にこなしていく大谷だったが、一番の目標である8球団からの指名が実現する見込みは薄くなった。

その理由は、投打双方に高い能力を持つ大谷が、日本野球機構NPBに向かって変化球を投げたからだ。

各球団が指名選手を発表するわずか数日前、大谷は日本でプロ入りはせず、直接メジャーリーグを目指す意思を表明したのだった。

第3章
渡米を踏みとどまった理由

アメリカでやりたい気持ちしかありません——大谷翔平

大谷翔平は年齢の割に聡明で、論理的かつ現実的な考えの持ち主だった。そのため、北海道日本ハムファイターズが大谷を指名し、入団すればメジャー行きの近道になるというプランを詳細に説明すると、興味を示した。

大谷がメジャー希望の意思を明らかにし、ほとんどの球団が指名を断念する中、日本ハムだけが大谷を1位指名し、獲得するための計画を綿密に練っていた。当時のGMである山田正雄の指示を受け、スカウトが作った渾身の資料には、日本の野球界で経験を積まずにメジャーを目指しても、成功例は非常に少ないというデータが示されていた。

18歳の大谷にとっては、アメリカのマイナーリーグで長時間のバス移動などを強いられ、最高の環境とは言えないチームで練習を積むよりも、日本の野球界のトップレベルで投打双方の技術を磨くほうが、ずっと本人のためになる。その話を聞いて、大谷も納得したのだ。

ここで注目しておきたいのは、大谷がメジャー行きを決めてロサンゼルス・エンゼルスを選んだ際、彼が二刀流のスキルを保ち続けていたということだ。それこそが大谷のもっとも望んだことであり、それと同時に193cmの身長に見合う体格を作り上げるため、高校時代から白米を毎日10杯も食べて体重を20kg増やしたという。

しかし、日本ハムに指名された当初は、大谷は入団する意思がないことを日本のメディアに明らかにしていた。

「今はアメリカでやりたい気持ちしかありません。（日本ハムに入団する）可能性はゼロだと思います」

この毅然とした態度は日本国内でかなり注目された、と共同通信社のベテラン記者であるジム・アレンは語る。

「日本ハムが大谷を指名し、彼が断るつもりであるというニュースは大きな話題となったんだ」

ところが、大谷は日本ハムの説得に徐々に心を動かされ、最終的な決断は両者いずれにとっても利益をもたらす結果となる。日本ハムの上層部が、大谷を二刀流選手として起用しようとしていることがわかり、メジャーへ行くという夢への道しるべは一つではないことに大谷は気づいたのだ。

大谷本人ですら、二刀流をやれるかどうかは球団の意向次第だということを認めていた。

「ドラフト前から、日本のプロ野球チームで二刀流をやらせてもらえるとは思っていませんでした。だからきっと、メジャーリーグではもっと難しいんじゃないかと思いました」

大谷はブリーチャー・レポートのスコット・ミラーにそう語った。「個人的には、メジャーでももちろん二刀流をやってみたいですけど、決めるのは球団なので、任せるしかありません」

しかし、日本に残るという決断は誰かに任せたわけではなく、大谷本人のものに他ならない。投打の両方を続けたいという願望を持っていたところに、日本ハムがそれを可能にするプランを提案してきたため、大谷はとうとうメジャー行きを保留にしたのだった。

第4章 アマチュアからプロへ

大谷にはドラマを生み出す力があり、
それが観る者を惹きつける

北海道日本ハムファイターズは、ついに大谷翔平を獲得した。背番号は、ダルビッシュ有がつけていた11番に決まった。

実際、日本ハムは大谷の入団で何を得ることになったのだろうか。

強豪校である花巻東高校出身の大谷は、3年生のときに岩手大会で何度も記録的な速球を投げ、スカウトたちを驚嘆させた。とはいえ、まだ完成された投手とは言いがたく、コントロール力、安定した球を投げるピッチングの精度などには課題があった。

「バッティングもできる普通の投手という感じだった」1994年から日本の野球界を分析し続けている共同通信社のジム・アレンは、大谷を客観的に評した。

春季キャンプでは投手のメニューだけでなく、ショートとしても練習を重ねた。そうすることで右腕を酷使せず、故障を避けるという狙いがあったようだ。

日本に残るという選択肢が正しかったことは、すぐに明らかになった。層の厚い日本のプロ野球界では、多くの新人と同じように大谷も好不調の波をやり過ごすことが可能となったのだ。それでも、この若き新人選手にはやはり光るものがあり、体も技術も今後さらに向上していくであろうことが予想された。

大谷のデビュー戦は2013年3月29日だった。開幕戦のその日、初打席は三振に終わったものの、埼玉西武ライオンズのエース岸孝之に対し、大谷は2安打1打点を上げた。5月23日には初登板し、東京ヤクルトスワローズを相手に粘るが5回で2失点を喫する。そして7月10日にはプロ入り後初のホームランを放った。

1年目の大谷は打率・238、3本塁打という成績で、外野手としては54試合に出場した。しかし鋭いヒットを放つスタイルでツーベースヒットを15本記録した。なお、守備での7補殺はパ・リーグ3位である。

投手としても決して悪くはない1年だった。3試合で勝利投手となり、防御率は4・23、全13登板のうち先発は11登板、61と2／3イニングを投げた。

試合前のバッティング練習にも注目が集まっていた。今でもそうだが、当時から練習中にホームランを量産し、観ている者たちを圧倒していたのだ。

「毎晩、大谷のニュースが流れていたよ」とアレンは振り返る。

賛否両論の意見はあったものの、大谷と約束した通り、日本ハムは投打双方で彼を起用していた。

「大谷を打席に立たせることには批判も多かった。新人だし、・238の打率なんて大したことはないからね」とアレンは言う。

それでもファンにとって大谷は至宝であり、足首や頬骨の負傷による欠場があったにも関わらず、投票によってオールスター・ゲームに外野手で選出された。

球団は大谷が独特の選手であり、才能があることを確信していた。プロ1年目は派手な活躍がなくとも着実に歩んだ年であり、新人王の投票では則本昂大に大差をつけられて2位となったが、選んだ道は正しかったのだと本人も確信していた。

2年目は投手としての出番がより多くなり、24試合で先発、11勝4敗という結果を出す。9イニングの奪三振率10・4はトップレベルで、トータルで155と1／3イニングを投げて179奪三振という成績を残し、パ・リーグで3位となった。

当然ながら打者らは大谷の速球を受けるのを好まなかったし、特にストレートに見えて鋭く落ちるスプリットは彼らを苦しませた。

打者としての大谷はどうだったか。2年目も、もちろん打席には立っていた。打率は・274、10本塁打、31打点、OPS（出塁率＋長打率）は・842という記録を残している。

大谷にはドラマを生み出す力があり、それが観る者を惹きつける。2014年のオールスター・ゲームでは、162㎞という、当時の最速記録を叩き出した。レギュラー・シーズンの試合でも同様の記録を何度も出し、日本のプロ野球界ではマーク・クルーンと並ぶ速球の持ち主として名を馳せた。15投球中8球が160㎞超えという、驚異の記録も出している。

ハリウッドスターのようなルックスと開花していく才能に、大谷の人気は高まる一方だった。落ち着いた態度、礼儀正しさ、個人よりも常にチームを最優先する姿勢などもまた、彼が多くの人々から愛される理由だった。

さらに、日本のプロ野球界の投手らとは異なるスキルを持つことにも注目されていた。多くの日本人投手は、スピードは控えめでも、打者の意表をつくような球を得意としている。

ところが193センチの長身である大谷はパワー型の投手で、その体躯から繰り出される投球は160kmを超える。

また、日本人の打者は内野にとどまるシングルヒットが多く、守備をかいくぐって外野に球が出れば御の字とされる傾向がある。

大谷もそういった球は打てるのだが、なんといっても彼の持ち味はその筋力から生み出される飛距離の長いホームランで、試合でもバッティング練習でもそれを見せてくれる。

2014年9月7日には対オリックス・バファローズ戦で10号ホームランを放ち、2桁勝利と2桁ホームランの達成という、1918年のベーブ・ルース以来の偉業を達成し、当然ながら日本人としては初の快挙となった。

この年の日米野球で、大谷は侍ジャパンに選出され、MLBオールスターズとの5試合において輝きを見せた。第1試合での登板では無失点に抑え、結果チームは2―0で勝利する。第5試合は日本ハムの本拠地である札幌ドームで行われ、大谷は先発投手として出場した。4イニングを投げ、7奪三振するも敗戦に終わったが、160㎞に迫る剛速球と鋭く落ちるスプリットは圧巻だった。

日米野球に出場してメジャーリーグのトップ選手と対戦したことで、大谷の知名度は上がることになる。二刀流をこなす日本人選手、大谷翔平の存在に、国際的な注目が集まるようになってきたのだ。

第5章　二刀流の覚醒

あの体格、右腕のアクション、
どう見ても彼はトップ・アスリートだ。
今後も進化し続けるだろう――ナショナル・リーグ幹部

大谷翔平への注目度は相変わらず高かったが、その理由は誰の目にも明らかだった。彼は二刀流選手としての道を歩み続け、球団もまたそれを支援していたからだ。

2015年は大谷にとってプロ3年目であり、投手としての成長が目覚ましい1年となった。

その右腕から繰り出される剛速球で15勝5敗、防御率2・24という記録を打ち出し、パ・リーグの首位に立ったのだ。160と2/3イニングで196奪三振も記録している。個人としてあらゆるカテゴリーで自己最高の記録を更新し、打者の気力を削いでしまうほどのピッチングを見せた。

「あの才能を見たら、もう笑うしかない」その年に大谷を視察したナショナル・リーグの幹部は語った。「あの体格、右腕のアクション、どう見ても彼はトップ・アスリートだ。今後も進化し続けるだろう」

大谷はパ・リーグのベストナインに投手として1位に選ばれ、一流のピッチャーに仲間入りしたことを印象づけた。

一方でこの年、打者としての成績は振るわなかった。外野手としてのプレーはせず、指名打者として打席に立ったのだが、打率は・202、119打席で5本塁打という記録に終わった。

２０１６年は、大谷の日本でのキャリアが最高潮に達したシーズンとなる。パ・リーグを制し、日本シリーズでは第2戦まで連敗したものの、広島東洋カープにその後4連勝し、第6戦でチームは3度目の日本一に輝いたのだ。

この素晴らしいシーズンを経て、大谷は優れた選手であることを示しただけでなく、二刀流のスタイルを着実に自分のものとしていった。

大谷は２０１６年もまたベストナインに選出され、今回は投手と指名打者の双方で1位という、前例のない記録を残した。当然ながら、その年のパ・リーグのＭＶＰにも圧倒的な投票数で選ばれている。

打者としての成績は、打率・３２２、22本塁打、67打点。投手としては10勝4敗、１４０イニングで１７４奪三振。

野球界は大谷のような驚異的な選手が存在することを知り、彼が独特の選手であることを実感していた。

プロ野球のビッグ・スターで著名なアスリートであるにも関わらず、大谷の私生活は地味なものだった。たいていはチームの寮で、若手選手と一緒に過ごしていた。年上のチームメイトに誘われても、飲酒がメインのような会は断っていたという。

試合が終わると、大谷は街へ繰り出す代わりに寮へと急ぎ、トレーニングをしたり、ゲームをやったり、技術向上のための読書をしたりする。

「全然遊び歩かず、まるで僧侶みたいに過ごしているんだ」ナショナル・リーグの幹部は言う。「野球を上達させること以外には興味がないみたいで、両親から仕送りされる1000ドル程度で1カ月暮らしているらしい。生活のすべてが野球中心で、彼の頭の中にあるのは、どうすれば向上できるかということだけさ」


完璧に見える大谷ではあるが、足首だけはそうはいかなかった。カープを下して制した日本シリーズで右足首を痛めてしまい、日本での最後のシーズンとなる2017年は活躍の場が制限されてしまった。また、日本も開催国の一つであったワールド・ベースボール・クラシックへの出場も叶わなくなり、結果はアメリカ、プエルトリコに次いで日本は3位となった。

すでに世間では、大谷は契約金制限のなくなる25歳を待たず、シーズン終了後にメジャーへ行くという噂が流れていた。

田中将大はメジャー行きを遅らせたため、ニューヨーク・ヤンキースと総額1億5500万ドルの7年契約を結ぶことになった。それに比べると、契約金230万ドル、メジャーリーグの最低年俸54万5000ドルという大谷の契約条件が、いかに破格であるかがわかるだろう。

エンゼルスは史上最大のバーゲンセールに勝利し、大谷を6年間在籍させることが見込まれたが、日本ハムもまたこの契約の恩恵を受けた。ポスティング・システムによって大谷のメジャー移籍を実現させ、2000万ドルの譲渡金を受け取ったのだ。

巨額の契約金が幻となったことなど、大谷は気にしていなかった。メジャーで二刀流選手としてやっていくことは、金には代えられない価値があるのだ。むしろ報酬面を気にせずにすんでよかったと本人は思っており、騒いでいるのは周囲やメディアばかりだった。「その事実が大谷のすべてを物語っている」エンゼルスの投手であるタイラー・スキャッグスは、大谷が契約した際にニューヨーク・タイムズ紙に語った。「彼はお金のためにアメリカに来るのではないと示したんだ。野球をやるためだけに来るのさ」

第6章 メジャーデビューに向けて

謙虚な大谷はメジャーで二刀流を
やらせてもらえると確信してはいなかった。
何しろ、1世紀前にベーブ・ルースが活躍して以来、
誰も成し遂げていないことだからだ

大谷翔平がついに日本を飛び出し、驚異的な二刀流のスキルとともにメジャーリーグにやってくる。

「僕はまだ選手として完成していないですし、成長できる環境でやっていきたいです。高校を卒業するときにも、同じように思っていました。メジャーに行きたい一番の理由はそれですね」

そんな大谷に興味を示さないチームなど、あるはずがなかった。

25歳を待たずにメジャー行きを決めた大谷は、若手の外国人選手に対する契約金の制限ルールが適用され、受け取れる額は限られてしまう。とはいえ、それはメジャーリーグの全30球団が大谷の獲得に乗り出せることを意味し、資金力のあるビッグ・クラブ以外にもチャンスがあるということになる。

各球団の上層部が、どれだけ大谷の二刀流を歓迎しているかは未知数だった。日本プロ野球界では受け入れられ、国際試合でも大谷は実力を示したのだが、はたしてメジャーでそれが通用するのか。

「大谷は、それぞれのスキルが際立っている」あるナショナル・リーグのＧＭは語った。

「打てば１５０ｍ以上の飛距離、投げれば１６０km超え、走れば1塁までは4秒を切る。これだけのスキルを兼ね備えた選手はめったにいない」

それでも、謙虚な大谷はメジャーで二刀流をやらせてもらえると確信してはいなかった。何しろ、1世紀前にベーブ・ルースが活躍して以来、誰も成し遂げていないことだからだ。

「やらせてもらえるかどうかわからないですけど、その点について球団の考えは聞きたいですし、どういった状況なら可能なのか知りたいです」大谷はAP通信社にそう語った。

「そのあたりがはっきりしないことには、僕からはなんとも言えません」

日本プロ野球界で過ごした5年間は成功そのものだった。一度は入団を断ったものの、その後日本ハムと契約してプロ入りしたあと、大谷は2016年にチームを日本一に導いた。

日本での5年間で、大谷は投手として42勝15敗、防御率2・52、543イニングで624奪三振という記録を残した。打者としては、48本塁打に166打点、打率は・286。

「プロ入り前は、二刀流をやれるなんて想像していませんでした。でも、ファンの応援やコーチたち、栗山英樹監督の指導で実現することができたんです。だからこそ、これを続けていきたいという強い思いが生まれました。自分のためだけでなく、支えてくれる皆さんのためにも」

大谷の獲得合戦が始まり、各球団は力強い打撃力と剛速球を持つ日本人スター選手を振り向かせるため、全力を尽くすこととなった。

巻では、ニューヨーク・ヤンキースが最有力候補ではないかと噂された。大谷に高校卒業後のメジャー行きを踏みとどまらせた日本ハムと、似たような環境があると球団は自負していたからだ。

日本ハムでは、大谷の尊敬するダルビッシュ有と同じ道を歩むことが可能だった。もしヤンキースに入団すれば、2度のオールスター・ゲーム選出、2009年のワールドシリーズでMVPに輝いた松井秀喜の軌跡をたどることが可能だ。

現在もヤンキースのアドバイザーを務める松井は、チームに貢献したい気持ちを明らかにした。

「もし彼（大谷）が来てくれるということなら、僕も交渉には関わりたいですし、ヤンキースへ入団してくれるよう説得するつもりです」松井はmlb.comにそう語った。

日本の野球界に精通するアメリカ人と同様に、松井も同胞の大谷に秘められた無限の可能性を見抜き、弱冠23歳であることにも注目していた。

「これまでの彼を見ると、投手としても打者としても素晴らしいのは間違いないですね」

松井は言った。「日本で活躍しましたから、僕も一人の野球ファンとして、彼がメジャーでどんなプレーを見せてくれるか楽しみです」

おおむね前向きなコメントではあったが、二刀流の選手として成功するかどうかは明言しなかった。大谷の日本での成績を評価しつつも、メジャーリーガーとして10年キャリアを積んだ経験から、慎重になったのだろう。四つのチームでプレーした10年間を振り返って、大谷の試みが成功するかどうか、松井には確信が持てなかったのだ。

「僕の知る限り、一人の選手が投手と打者の両方で優れているという例は見たことがないですね。正直、今後どうなるのかわかりませんが、応援しています。彼が二刀流を望んでいて、チームも容認しているなら、やるしかないでしょう」

しかし、同胞の先輩の力も及ばなかった。大谷が候補を7球団に絞った際、ヤンキースは選ばれなかったのだ。

ラッキー7に選ばれたのは、ロサンゼルス・ドジャース、ロサンゼルス・エンゼルス、シアトル・マリナーズ、テキサス・レンジャーズ、サンディエゴ・パドレス、サンフランシスコ・ジャイアンツ、シカゴ・カブス。この中から、大谷は早急に決断を下すと約束した。

その間、どの球団もただ手をこまねいているわけではなかった。大谷にユニフォームを着てもらうため、それぞれが個性豊かなアプローチを仕掛けていった。

ドジャースは、言わずと知れた野茂英雄を擁していたチームだ。エンゼルスにはメジャーリーグでトップクラスの打者マイク・トラウトが在籍しているし、オレンジ郡には大規模なアジア人コミュニティがある。マリナーズもやはり、イチローを始め複数の日本人選手が活躍してきたチームだ。レンジャーズは、大谷が少年時代に憧れていたダルビッシュ有がデビューを飾ったチームだ。パドレスは野茂英雄が現在アドバイザーに就任しており、かつて日本ハムがアリゾナ州ピオリアの施設で春季キャンプを行ったという縁がある。ジャイアンツもまた、ベイエリアに広がるアジア人コミュニティが近いという利点を持ち、さらに大谷本人に引けを取らない個性的な人物がいる。日本語を話し、将来の監督候補と目されるベンチコーチのヘンスリー・ミューレンスだ。大谷との会話がスムーズにできるだけでなく、ミューレンスは日本で3年間プレーし、1995年にヤクルトスワローズで日本シリーズを制したという実績がある。カブスは日本人選手が活躍した実績があり、FA後のダルビッシュと契約している。

最終候補の中でも国際契約プール金を大谷に注ぎ込む意欲を見せていたのは、レンジャーズ（354万ドル）、マリナーズ（356万ドル）、エンゼルス（232万ドル）の3球団だった。

日本ハムに2000万ドルの譲渡金を支払うことを差し引いても、大谷の存在は史上最大のバーゲンセールに他ならなかった。日本でオールスターに5度も選出されたスター選手を最盛期に迎え入れることができ、しかも投打の双方に優れているとなれば、2億ドル級の契約になるはずだとも言われた。

どの球団も、石にかじりついてでも大谷を獲得するべく奮闘した。

「プレゼン資料の作成は突貫工事だったよ」ある球団幹部は語った。「大谷をどのように起用するか、どうやって育てるか、トレーニングのスケジュールはどんなものか、彼の要望にどう応えていくか。それらをすべて、超特急でまとめなければならなかった」

大谷と面談した7球団のGMの一人は、彼の真摯な態度に感銘を受けたという。

「大谷はとてつもなく真剣だった。それと同時に、こちらへの敬意をしっかりとあらわしていたし、自信にも満ち溢れていた。メジャーでやっていけると確信しているのが伝わってきたし、メジャーのレベルで求められるものを持つ選手として渡米してきたことを理解していたんだろう。ベストを尽くすためなら、どんなことでもするという姿勢がはっきりと見てとれた」

エンゼルスのプレゼンテーションが飛び抜けて優秀だったのか？　それはわからないが、天賦の才を持つ大谷は、投手として先発ローテーションでも、打者としてラインナップでも間違いなく活躍するという代理人の言葉を受け、球団側は結果が出るまで気が気ではなかったことだろう。

そして大谷の代理人であるクリエイティヴ・アーティスツ・エージェンシーのネズ・バレロが12月9日に発表した声明で、エンゼルスの事務局は歓喜の渦に包まれた。

「細部まで徹底的に検討した結果、今朝、大谷翔平はロサンゼルス・エンゼルスと契約することを決断しました。多くの球団がプレゼンテーションに多くの時間と労力を割いてくださったことに、大谷は恐縮と喜びを感じ、皆さんのプロ意識に心から感謝しているということです。最終的に彼はエンゼルスに強いつながりを感じ、この球団であればメジャーリーグでさらに向上してくことができると確信を持ちました」

祝福ムードに包まれるエンゼルスとは対照的に、選ばれなかった球団関係者は自らの運命を呪った。

「大谷翔平に選んでもらえなかったのは残念だが、彼がアナハイムでいいプレーをすることを願っているよ」レンジャーズのGMであるジョン・ダニエルズはmlb.com に語った。

「彼はフィールドの中でも外でも、常に印象的だった。もしもわれわれに意見を求めてくれたら、ナショナル・リーグをすすめたのに」

ダニエルズは少なくともジョークを飛ばす元気はあったようだ。しかし、大谷がエンゼルスを選択してから8カ月以上経っても、西海岸の某球団のGMはまだ意気消沈していた。

「大谷はうちのチームにぴったりな逸材だったし、われわれは彼を獲得するために、ありとあらゆる努力をしたはずなんだ」匿名を希望するこのGMはそう話した。「大谷の才能は独特だし、あのメンタルの強さも素晴らしい。だからこそ、今でもこのことを話すのはつらい。彼の決断の本当の理由を知ることはないだろうけど、この話題を避けたいという気持ちは当分変わらないだろうね」

それだけに、エンゼルスで大谷が6年間プレーするという事実は、球団とファンにとっては天からの贈り物に等しかった。

「おそらく彼は、チームが家族同士のような温かい雰囲気なのを見て、そういった場所を自分が望んでいることに気づき、今後長い年月を一緒に過ごしたいと思ったんだろう」GMのビリー・エプラーは、エンゼルス専門のラジオ番組AM830でそう語った。「われわれの用意したプランだけがよかったのではなく、関係者の親しみやすさ、球団全体の雰囲気が気に入ったんだと思う」

エプラーはそれ以上勝利の秘訣を明かすことはなかった。その代わり、大谷が最大限に力を発揮するために、本人の発言権に比重を置くつもりだと明かした。

「われわれのプランは翔平の過去の（日本プロ野球界での）実績を参考にしたものなので、特に詳細に説明するつもりはない。このプランでもっとも重要な存在は、翔平本人なんだ。自らの意思で向上していき、自らの練習を管理することに慣れてもらう。このプランで、翔平は積極的に動いていくことになる」

大谷のための青写真が完成し、プランが実行に移される。最初に行われるのは、入団会見だ。声明発表の翌日、エンゼル・スタジアムの正面口両脇にある巨大な赤い野球帽のモニュメントの下には、大谷翔平の姿を一目見ようと新たなファンが大勢詰めかけていた。

それはまるで夢のような記者会見だった。世界でもっとも注目を集めている野球選手、つまりこの会見の主役も同じ気持ちだっただろう。

第7章 歓喜の入団会見

もちろん、二刀流の選手として彼を起用する計画を立てている。それは確実だ——マイク・ソーシア大谷翔平は入団会見でホームラン級の印象を残した。

あるいは、完封したと言うべきか。

いずれにせよ、いや、いずれも成し遂げた二刀流の日本人選手は、エンゼル・スタジアムの前で素晴らしい好印象をファンに与え、熱烈な歓迎を受けた。

エンゼルスにとっては怒涛の1週間だった。資料は誤字一つないように細心の注意を払って作成され、天に祈る気持ちで12月4日にプレゼンテーションを行い、和製ベーブ・ルースに7球団の中から選ばれることをひたすら願ってきたのだ。

それから4日後の12月8日金曜の朝、大谷の代理人であるネズ・バレロからGMのエプラー宛てに電話があり、〝強いつながりを感じたエンゼルス〟に入団を希望するという連絡を受けたのだった。

そして土曜には歓喜の入団会見がエンゼル・スタジアムの正面口で開かれた。巨大な〝A〟の文字に見守られ、鮮やかな赤の大きな野球帽が陰をつくるその光景は誰も想像しなかった。

赤といえば、大谷も緊張のために顔をやや赤くしていた。

「こんなに多くの人の前で話すのは緊張しますし、今まで考えてきたことが全部飛びそうなので、つまずいたら申し訳ないなと思っています」

大谷はいたずらっぽくそう語って会場の笑いを誘ったが、それは紹介されるまでにシャワーのように浴びせられた賛辞への照れ隠しだったのかもしれない。

ただ、司会を務めるエンゼルス専属キャスターのヴィクター・ロジャスが次々に紹介していった大谷の輝かしい実績は、会場の多くの人々にとって初耳だったようだ。

エンゼルスファンは大谷の獲得に浮かれてはいたが、どういう選手かあまり知らない者もいただろう。193cmのひょろりとした体に、はにかむような笑みを浮かべた黒髪の青年が、いかに尋常ではない才能を持っているかを実感する者は少なかったはずだ。

しかし、大谷がとても謙虚で礼儀正しいということは、すぐに人々の知るところとなった。

彼はエンゼルスの球団関係者や幹部にまず謝意を伝えた。監督に礼を伝えるときは、丁寧に〝マイク・ソーシア監督〟と呼んだ。

「僕の家族、日本のチームメイト、僕に野球を教えてくださった指導者の皆さん、日本のファンの皆さんにも本当に感謝したいと思います」

賛辞はマイク・トラウトにも向けられた。エンゼルスでアメリカン・リーグのMVPに2度輝いたスター選手は、結婚式の準備期間でありながら、FaceTime（ビデオ通話）で大谷と会話し、入団をすすめてきたのだという。

「(トラウト選手は) 結婚式だったので、来られないということで、それはそうだなと思って」独身の大谷は女性ファンからの熱い視線を受けながら言った。「奥さんを大事にしてほしいなと思いました」

マイク・トラウトとの会話について訊かれると、「本当にいいチームだということを聞きましたし、一緒にプレーしたいという言葉もいただいたので、それは本当に嬉しかったです」という言葉が返ってきた。

大谷をどう起用するかについては、ソーシア監督もすでに思い描いていた。

「もちろん、二刀流の選手として彼を起用する計画を立てている。それは確実だ。翔平にとってもわれわれにとっても、これからやるべきことは多いが、まずは一歩ずつ着実に歩んでいき、彼が投手としても打者としても最大限の力が発揮できるよう努めていく」

このあどけない顔立ちの新人選手が、1世紀前のベーブ・ルースと同じ偉業を成し遂げようとしているなどとは、にわかには信じがたいくらいだった。

多くの者が挑戦すらしてこなかったのに、大谷は日本ハム時代、その剛速球で野球界の既成概念を覆し、場外ホームランで新たな道を切り拓いたのだ。

「(ベーブ・ルースにたとえられるのは) 光栄なんですけれども、僕の中では神様と同じくらいの存在なので。野球をやっている以上は、少しずつ近づいていきたいなと思っています。今日が本当のスタートラインだと思っているので、ここから少しずつ頑張っていきたいと思います」

ソーシア監督が口を開く。「うちのチームでも彼ほどの実力がある投手は長らく出てきていない。さらに、打者としても活躍できるよう今後サポートしていくつもりだ」

大谷の野球には彼に合わせた独創的な哲学が必要であり、エンゼルスなら古い常識を打ち破る手助けをしてくれると彼は感じたのだろう。

「本当にまっさらな気持ちで各球団の方々と話をさせていただきました。オープンな気持ちで話していく中で、ここに行きたいなという気持ちになり、お世話になろうと決めました」

その言葉に、球団関係者は頬をゆるめずにはいられない。6年契約で獲得した才能豊かな選手は、弱冠23歳ときている。

「(選手生活は) ファンの方々、球団の方々と作っていくものだと思っています。僕自身はまだまだ完成した選手ではないですし、皆さんの応援で僕を成長させてほしいなと。僕もそれに応えて頑張っていきたいと思います」

またしても歓声が上がり、エンゼルスのユニフォームを着たファンや関係者らは、ひと足早いクリスマスが訪れたような気分になっていた。大谷が話せば話すほど、人々はこの多彩な能力を持つ温厚な人柄の青年に惹かれていく。彼がこれまでにない選手であるのは間違いない。

大谷もまた、これまでにない気持ちを味わっていた。

「日本でも、プレーするときは多くの方々がいたんですけれど、しゃべるというのはあまり慣れていなくて。聞き取りづらかったら申し訳ないという気持ちで、今はすごく緊張しています」

しかしその言葉は、誰もがはっきりと聞き取っていた。大谷はメジャーで二刀流選手になるという夢を喜んでエンゼルスに託し、同時にエンゼルスは、大谷をその翼の下に迎え入れることに喜びを感じていた。

第8章 懸念のスプリング・トレーニング

逸材であると信じるには
充分なプレーだった——マーク・グビザ

3月のある晴れた日、二人のエンゼルスファンがテンピ・ディアブロスタジアムのコンコースで、お気に入りのチームがプレーする試合を見ていた。ファンの一人が着ていたのは、2002年ワールドシリーズ・チャンピオンというロゴの入った、着古したエンゼルスのTシャツだった。

もう一人は真新しいTシャツを着ていて、背中には新たな日本人選手の背番号である17の上に〝OHTANI〟という大きな文字が入っていた。買ったばかりのようで値札がついたままだった。話を聞いてみると、二人は互いの話をさえぎらんばかりにしゃべり出した。

「ショーヘイ・オオタニは、どの程度の選手かわからないからな」古いTシャツを着たファンは言った。

「まあ、我慢して見ていろって」もう一人はポケットにレシートを突っ込みながら言った。「なんたって、まだスプリング・トレーニングなんだから」

エンゼルスにとっては我慢の春なのかもしれなかった。二刀流の新人選手にとって、その道は障害物と穴だらけの一方通行のようなものだったからだ。

アリゾナでのオープン戦では大谷がもっとも話題にのぼっていたのだが、プレーは今ひとつだった。日本プロ野球界で5年間活躍し、オールスターに5回も選出された一流の選手が、打席ではピッチャーに押され気味で、マウンドではことごとく相手に打たれてしまう。それがカクタス・リーグでの大谷の姿だった。
和製ベーブ・ルースと呼ばれた大谷のそんな姿を見て、多くのエンゼルスファンが、あの熱狂はなんだったのだろうかと首を傾げたことだろう。

2月24日のデビュー戦では、多くの新人と同じように、大谷も調整期間にあるということが明らかになった。

世界中の注目を集め、各国のメディアが一挙手一投足を見守るエンゼルスの新人ピッチャーは、その試合ではごく平凡に見えた。ミルウォーキー・ブルワーズを相手にいきなりツーベースヒットを浴び、キーオン・ブロクストンにホームランを許し、31球を投げて2奪三振したものの、2安打1本塁打2失点という結果に終わる。

3月16日の登板では、コロラド・ロッキーズを相手に7失点も許してしまい、イアン・デズモンドとノーラン・アレナドに2本もホームランを打たれてしまう。

投手としての最初の2試合では、短い登板ながら5奪三振を上げているものの、大谷が乱調であることは疑いがなかった。それとも、力を出し惜しんでいるのだろうか?

エンゼルスを取材する記者たちは、歯に衣着せぬ物言いでカメラに語りかけていた。いわく、たった3カ月前の入団会見では、大谷がメジャーリーグの革命児になり得るとして紹介されたはずなのに、これはどういうことなのかと。

マイク・ソーシア監督は、大谷が本当にメジャーリーグに見合う選手なのかと問いかけられる。

「まだロースター（ベンチ入りメンバー）を決める段階ではない」USAトゥデイ紙にソーシア監督は語った。「私に言えるのは、翔平の才能が本物だということだけだ。誰もがそれを確信している。開幕までには、投球でも打撃でも準備ができていることを期待している。そのために、今から開幕まで全員で努力していくつもりだ」

メジャーに適応するために、大谷が苦戦しているのは明らかだった。しかし、ソーシア監督は長い目で大谷を見ており、その監督こそが采配を振るう本人であるのは確かだった。長年の経験から、大谷の投球の乱れは環境の変化が要因であるにすぎないと見抜いていたのだ。

「防御率だけで彼の力が測れるわけではない」ソーシア監督は言った。「何人から奪三振したか、ということでもない。われわれは別の種類のレンズを通して彼を見ているのであり、そのプロセスが大事なんだ」

コロラド・ロッキーズ戦の前に、メキシカン・リーグのティフアナ・ブルズ戦で登板した大谷は、3イニングで6安打6失点に終わった。

3月2日には、ブルワーズのBチーム相手に才能の片鱗を見せ、2と2／3イニングで8奪三振を上げる。

しかしながら、大谷は打者としてもインパクトを残すことはできずに終わる。11試合で打席に立ったものの、その大きなスイングが放った安打は少なく、打率は1割台にとどまった。

二刀流選手としてベーブ・ルースの軌跡をたどる旅路は不穏な幕開けとなり、そんな大谷に向かって鬼の首を取ったかのように批判する声も聞こえてきた。前評判と違いすぎるとか、球が遅すぎる――日本では160km台だったらしいが、蓋を開けてみたら140kmしか投げていない――とかいった理由で、現状のレベルのメジャーリーグでは通用しないと指摘する声もあった。

しかし、エンゼルスの元ピッチャーでフォックス・スポーツ・ウェストTVの実況をしているマーク・グビザは、眉をひそめたりはしなかった。それどころか、上辺しか見ていないファンが気づかない点を見抜いていた。

「スプリング・トレーニングでの大谷について、あらゆる批判的なコメントや記事を読んできたが、どれも当てにならないね」グビザは語る。「私自身も全試合を観てきたが、あるイニングで彼は150km後半の球を投げていた。まだ調整期間で試合も前半だったのに、あの速度はなかなか出せるものではない。そのあと、2回ほど乱れたスライダーを投げたかと思うと、そのあとに素晴らしいスライダーを何度か投げた。〝うわっ、これは本物だ〟と思わず言ってしまったよ。確かに、厳しいイニングもあったのは事実だが、空振りや三振も数多く奪っていて、逸材であると信じるには充分なプレーだった」

それでも全体的に振るわない成績だったのは確かだが、球団も大谷も、開幕までには間に合うという姿勢を崩さなかった。

刻々と開幕戦の日が近づく中で、大谷は打席でもマウンドでも模索を続けていた。そしてアリゾナでのトレーニングの最終調整となる紅白戦では、マイナーリーグの打者を相手に投げることとなった。ふたたび若手選手と対戦し、大谷ほどの実力の持ち主ならば、相手を圧倒することができるはずだった。

ところが全85球の投球は乱れ気味で、結果は5奪三振6四球、2安打2失点。連続四球と暴投で2回無死2、3塁という場面も見られた。

ようやくスプリング・トレーニングが終わったとき、大谷に必要なのは休養かもしれなかった。年間162試合をこなすメジャーリーグにすぐさま乗り込む状況とは、とても言いがたかったのだ。オープン戦2試合の防御率は27・00、打率は・125にとどまっていた。

「色々と試していたようなので、心配はしていない」ソーシア監督は落ち着いた口調で語る。

大谷本人も、開幕前の成績について尋ねられたところで、まったく動いていなかった。「開幕前にやるべきことは全部やれたと思いますね。100％出し切ったと思います。難しかったですけど。日本でも、開幕戦で100％の状態だったことはなくて、シーズン中に徐々に調子を上げていっていました。だから、今年も同じようになると思います」

ひとたびレギュラー・シーズンが始まれば、大谷はマイナーリーグ選手を相手に腕を試す機会など一切持てなくなる。開幕前に、もっとメジャーの選手たちと対戦すべきだったのではという声も聞かれた。

「まあ、理想を言えば、もっとメジャーの打者と対戦できたらよかったんですけど。でも、それだけではないので。マウンドやボールの違いに慣れるのが大事でした。誰と対戦するかよりも、自分自身のフォームとかタイミングを見直すことに集中しました」

ナショナル・リーグの某スカウトは、数々の選手を見てきた経験から、大谷のパフォーマンスに悲観すべき点はどこにもないと判断した。

「先発投手としての素質は一流だし、強打者としても活躍できる」

それでも、頭の固い野球ファンは大谷の成績を指摘してあからさまに嘲笑し、何がおかしいのかと訊かれたら喜んでこう答えたことだろう。「大谷はやっぱりあの程度だったよ」

その一方で、大谷本人とソーシア監督は、スプリング・トレーニングに関する周囲の雑音は単なる〝から騒ぎ〟にすぎないという姿勢を貫いていた。

「これからいい結果を出せると信じています」大谷はmlb.comに語った。「自分の力を信じていますし、毎日努力を続けていれば、結果はついてくると思っています」

同意するようにソーシア監督はうなずいた。32打席で長打ゼロという結果を受けても、すべてが計画通りに進んでいるとでも言いたげに。

「彼は今後調子を上げられると確信している。われわれも同じように確信している」

冒頭で、大谷について議論していた二人のエンゼルスファンはどうしただろうか？ 意見は平行線のままのようだが、レギュラー・シーズンが開幕したら、もはや議論どころではなくなるのかもしれない。

第9章 3月・4月
〝翔（ショー）タイム〟の幕開け

翔平を見ていれば、
あの才能が本物だということはわかる——マイク・ソーシア

2018年3月29日

エンゼルスは開幕2日前に、ロースター入りを大谷に告げ、メジャーリーガー大谷翔平が誕生することが決まった。スプリング・トレーニングで低迷し、40人枠にすら入れるかどうかという状況での決定だった。

それにも関わらず、大谷はすぐに手ごたえをつかんだようだ。指名打者として打席に立つと、右投げのケンドール・グレイヴマンに対し、初打席初球で初安打を放つ。ただ、チームとしては11回で5―6とサヨナラ負けを喫してしまった。

「あの初打席は、たぶん一生忘れることはないと思います」大谷はオレンジ・カウンティ・レジスター紙に語った。

この日は大谷のチームメイトであるマイク・トラウトが6打席無安打という結果に終わり、すぐに復調することが願われた1日でもあった。

しかし、二刀流選手としてメジャーでついに歩み出した大谷のデビューによって、トラウトの不調もさほど騒がれることはなかった。大谷は日本人らしいお辞儀をして、同胞の先人たちに加わったのだ。松井秀喜、松井稼頭央、新庄剛志、福留孝介、中村紀洋もまた、デビュー戦の初打席で安打を放った日本人選手であった。少年時代、大谷は松井秀喜に憧れていたという。

マイク・ソーシア監督は、過去に功績を残した日本人選手に興味はないようだった。その代わり、エンゼルスのダグアウトの階段上に立ち、〝翔タイム〟を楽しんでいた。

「思っていた通り、翔平は大丈夫だった」ソーシア監督はmlb.comの取材にそう語った。「バッティング練習の時から、いいスイングをしていた。ライトと、センター方面にも強い球を打っていた。気持ちを切り替えて打席に立ったのがよかったんだろう。これからもっとよくなっていくはずだ」

そう、1世紀近くも誰も歩まなかった道を、大谷が進み続けるのであれば。その才能を最大限に活かすためには、投げる試合では打たないほうがいいだろうし（となると、ナショナル・リーグのチーム相手では先発に入れない）、登板する試合の前日と翌日も打席には立たないというスタイルが定着しそうだった。

2018年4月1日

嘘のようだが、3日前にデビューしたエンゼルスの新人指名打者はバットをラックに置いた。その代わりにグラブを手に取り、オークランド・アラメダ・カウンティ・コロシアムの中央にあるマウンドに向かっていった。

そこにいたのは投手としての大谷翔平だった。彼が次にたどり着いたのは、かのガートルード・スタインが住んだオークランドだ。歴史的な旅路に出た大谷は、対アスレチックス戦で背番号17番の投手としての実力を披露しようとしていた。

マイナーリーグ選手相手に苦戦した開幕前が嘘のように、大谷の先発投手デビューはスムーズな滑り出しを見せた。マット・チャップマンに3ランホームランを浴びるが、6イニングで3安打に抑え、エンゼルスを7―4の勝利に導いた。

奪三振を6とし、試合が進むにつれて調子を上げていった大谷は、15人の打者のうち14人を凡退させるに至った。

「個人的にはいいスタートを切れたと思っていますし、これで3勝1敗という結果になったので、満足しています」大谷はAP通信社にそう話した。

その日、1四球のみ出した大谷は、アスレチックスに対してたった1度、しかし大きなミスを犯した。それを見逃さなかったチャップマンによって3ランを浴びることになるのだが、敵の攻撃のハイライトはそれだけに終わり、右投げの剛速球と突き刺さるようなスプリットを持つ大谷が試合を制した。

「持ち球はすべて出していた」ソーシア監督が言う。「2回に3連続で打たれたから、その窮地を脱するためにベストを尽くしたんだろう」

この試合では苦戦するような様子は一切なく、マウンドに立っているあいだもずっと大谷は落ち着いていた。誰だってそのピッチングを見れば、余計な心配にわずらわされることはない。

「翔平は何をしている時でも、素晴らしく冷静沈着なんだ。練習中でも、打席に入ってバッティングを調整している時でも。それが彼を成長させる強みになると思う」

その強みは実戦でも活かされていた。ビジター試合であっても、マウンドに立てば〝オオタニ！〟の歓声が上がり、〝翔タイム〟が始まる。最初のイニングですでに160㎞に達し、それ以下の球速であっても、アスレチックスの打線に火がつくことはなかった。

1919年のベーブ・ルース以来、開幕戦に打者で出場した選手が、10試合以内に先発マウンドに上がるのは初めてのことだった。

2018年4月3日

大谷翔平は本拠地でエンゼルスファンに姿を見せ、今後6年間ホームとなるエンゼル・スタジアムでのデビュー戦で、もっとも華々しい活躍を見せた。

チームにとって大谷を獲得したことは、全シーズンでホームランを打つに値するほどの快挙だった。ただ、6シーズンのうちの最初の1本は、大谷本人のために残しておいたようだ。それがこの試合を一層特別なものにするのだった。

最初の打席で、大谷はジョシュ・トムリン相手に3ランホームランを放つ。これでエンゼルスは1回になんと6点を上げ、3万5007人のファンは誰もが歓喜に沸き、大谷をチームに迎えたことの喜びを噛みしめた。

この日、13―2で圧勝した対クリーヴランド・インディアンス戦で、大谷が貢献したのはそのホームランだけではない。その後も2本ヒットを放ち、ハイライトシーンの放送ではあらためて野球界を何度も驚かせることになる。

大谷本人も驚いていた。それは最初の打席で、打球が168㎞で飛んでいったときのことだ。

「当たったとき、たぶんこれは壁に当たると思ったので、必死に走りました」mlb.comに大谷はそう話した。「でも、越えたので嬉しかったです」

ダグアウトに戻ってみると、チームメイトたちは歓喜に沸いて大谷を迎えるかと思いきや、座ったまま沈黙を保っていた。これがメジャーリーグ伝統の、新人選手の初ホームランに対する〝サイレント・トリートメント〟なのだ。

大谷はまず、次の打順であるレネ・リヴェラの手にタッチし、その次に待機していたザック・コザートとも握手した。それ以外の選手たちは急に押し黙ってしまい、まるでスプリング・トレーニングで大谷を批判していたコメンテーターのような態度を取るのだった。

誰も祝ってくれない中、大谷はきょとんとした顔でダグアウトへ下りていき、ハイタッチを待つように両手を挙げた。しばらくの間のあと、ダグアウトは歓喜の渦に包まれ、選手もコーチ陣も才能豊かな新人選手をもみくちゃにして祝福するのだった。

マイク・トラウトに促され、大谷はダグアウトから外に出て帽子を取り、ファンに対しても挨拶した。この初めてのカーテンコールは、今後幾度となく披露されることになる。スプリング・トレーニングでの大谷に批判の言葉を浴びせる者たちを見返したことに、チーム全体が有頂天となっていた。これだけの短期間で、大谷は自身に一流選手の素質があることを証明してみせたのだ。

「批判していた人々の中に、エンゼルスのユニフォームを着た者はいなかった」ソーシア監督は力強く語った。「言いたい奴には言わせておけばいいのさ」

初登板で勝利投手となり、次の試合に投げずにホームランを打つ――それは1921年のベーブ・ルース以来の偉業だった。

2018年4月4日

ゾロ目の日付ながら、2月2日とは異なって祝日ではないこの日でも、エンゼルスファンにとってはまた大谷翔平のプレーが見られるという特別な1日であった。

大谷は2本目のホームランを放ち、多くの試合と同じようにエンゼルスはインディアンスを倒した。スコアは3―2で、今シーズンにおいて本拠地で初の連続3試合を勝利で締めくくることができた。

今回の投手は2度のサイ・ヤング賞受賞を誇るコーリー・クルーバーであったことが、

またしても大谷の快進撃に新たな記録を加えることになる。

「ボールが飛んでいく」エンゼルスのラジオ解説者であるテリー・スミスが声を張り上げ、これがフェンスを越えれば同点に追いつくという興奮をあらわにする。「見たか！　信じられない」

クルーバーの外角高めの球を、大谷はしっかりと芯でとらえ、打球はフェンスの向こうに吸い込まれていった。

「コーリー・クルーバーはそう簡単にホームランを許す相手ではないが、外角に来た球を翔平はしっかりと打ってくれた」ソーシア監督はmlb.comにそうコメントした。


観客が総立ちで歓声を上げる中、チームメイトたちも素直に喜びをあらわしている。マイク・トラウトは大谷が塁を回って帰ってくるとヘルメットを外してやったし、初ホームランの際のサイレント・トリートメントとは打って変わって、誰もが大谷の背中を叩いたり、ハイタッチしたり、ハグを交わしたりと祝福を浴びせるのだった。

「打撃というものは常に、失敗と背中合わせなんだ。ボールをバットで打つということが、スポーツの中でもかなり難易度の高いことだからだ」2塁手のイアン・キンズラーは言った。「あれで、デビューしたばかりでサイ・ヤング賞投手と初対戦したなんてとても思えない。素晴らしいバッティングだったね」

ところが大谷本人はAP通信社に、1点追加のためのヒットを狙っていたのだと語った。

その意に反して、大谷のスイングは2―2の同点へとチームを導く。

「2塁にランナーがいたので、コンパクトに振ってヒットを狙おうと思ったんですけど、意外に飛びました」

大谷は考えうるあらゆる方法でチームに貢献し、開幕から観る者を惹きつけて離さなかった。これまでメジャーで出場した試合では、打席では必ず打ち、登板すれば必ず勝っていた。

2018年4月6日

大谷翔平はこの日も8番指名打者として打席に立ち、対アスレチックス戦の3勝目に貢献した。それだけでなく、この日大谷が打ったホームランはなんと3試合連続になるものだった。

今回は大谷の打球によって、6点も先制されていたエンゼルスは反撃の狼煙を上げるきっかけを得て、13―9で逆転勝利を遂げる。3号目のホームランは正面奥にある模造の岩場に流れる水の中に落ち、それと同時に観客は喜びを爆発させた。

大谷の実力はもはや本物だと信じざるを得ない。打球は180㎞の速さでバットから離れ、飛距離は137mにも及んだ。今シーズン、エンゼルスで速さも距離も一番のホームランであり、大谷は本拠地で3連続のアーチを描いた初のエンゼルス新人選手となる。

「なんだか見慣れてきたよ」ショートのアンドレルトン・シモンズは、mlb.comに冗談めかして話す。「なんて、嘘だけど。彼のスイングは本当に見ていてクールだね。僕も嬉しいよ。皆が喜んでいる。彼にはとてつもないパワーがあって、それを見せつけているのさ」

見せつけている？　大谷の人柄からはあまりピンとこないが、いずれにせよエンゼルスはチーム全体が歓喜に沸いていた。

デビューしたばかりの大谷は、先発投手としても登板しているシーズンで3連続ホームランを打ったアメリカン・リーグの選手としては、1930年のベーブ・ルース以来の存在だった。3本のホームランを見て、大谷を獲得できなかった悔しさをあらためて感じた球団は多いだろう。デトロイト・タイガース、カンザスシティ・ロイヤルズ、マイアミ・マーリンズ。

「オオタニ！　オオタニ！」というファンの歓声は、彼が打席に立つたびにおなじみのものとなり、球場にいる誰もが——ダグアウトにいる面々も含めて——視線を釘付けにせずにはいられなかった。

メジャーリーグで二刀流選手になるという道を歩む大谷は、ただ注目を集めるだけでなく、特別な存在であることを数字でもしっかりと示していた。

指名打者として4試合の出場で、18打席7安打、打率・389、3本塁打、7打点。統計の始まった1920年以来、大谷は本拠地での最初の3試合すべてでホームランと2打点以上を上げた、初のアメリカン・リーグの選手となった。

2018年4月8日

天国という場所が何もかも完璧なのであれば、エンゼルスの新人選手にとっての6イニングもそれに等しいものだと言える。

大谷翔平はまたしてもドラマを生み出した。メジャー2度目の登板で7回を投げ、比類なきピッチングを見せたのだ。その日は4万4742人という、開幕戦より多くの観客が入り、大谷が投げるたびに歓声が上がった。その投球の勢いが衰えることはなく、アスレチックスは1週間に2度も大谷に抑え込まれることになる。

「ピッチングのよさが勝利につながった試合だ」マイク・ソーシア監督は試合後のインタビューにそう答えた。「大谷のようなピッチングを7回まで続けるのは、そう簡単なことじゃない。あの素晴らしい投球は、彼のとてつもない才能のあらわれだ」

6と1/3イニングまで1人の走者も許さず、マーカス・セミエンにシングルヒットを打たれたのみで、大谷はトータル12奪三振を上げた。

デビュー戦から2試合の先発登板で18奪三振を記録し、次々とストライクを取る圧倒的なピッチングスタイルで、すべてを空振り三振に打ち取った。勢いのあるストレートとバットでとらえにくいスプリットは、とても打てるものではないと思わせるような球だった。

「彼のスプリットは本当に読めないんだ」エンゼルスの内野手であるザック・コザートはmlb.comにそう語った。「毎回、ストレートだと思わせるんだが、それが違う。ゾーンの直前で沈むんだ。途中まではまったくストレートと同じ軌道さ。だから打つのが難しい」

驚きなのは、大谷があの剛速球をダーツでも投げるかのように正確にコントロールすることだ。

「ファストボールを正確に投げる相手だから、バッターはあのスプリットに対して振ってしまうんだ」捕手のマーティン・マルドナードは言った。「あれだけの速さにコントロールも利くとなると、打者にとってはかなりのプレッシャーだ。それで、ついスプリットで振ってしまうんだ」

7回で1安打と四球という局面を迎え、ピッチングコーチのチャールズ・ナギーがマウンドに歩み寄ってきた。短い会話のあと、大谷は強打者クリス・デイヴィスを投ゴロとし、次のマット・オルソンをスプリットで空振り三振に抑え、91球でその日の登板を締めくくった。

「無失点のままにしておきたかったんです。あのとき、1本打たれたら2点失っていたので。だからなんとしても三振を取ろうと思いました」大谷はそう語る。

これで投手として2勝を上げた大谷は、開幕から10試合以内に2勝と3本塁打という記録を残し、それは1919年ワシントン・セネターズのジム・ショー以来の快挙となった。また、3試合連続ホームランと2桁奪三振を1シーズンで成し遂げた史上3人目の選手となった。ちなみに1人目の選手は、やはり1916年のベーブ・ルースだった。

2018年4月17日

この日もエンゼル・スタジアムは賑わっていた。平日の夜であろうと、オレンジ郡に地元チームが戻ってきたとなれば、人々は暖かな陽気の中に繰り出していく。

エンゼルスは6連続の遠征試合を全勝で終え、13勝3敗と快調だった。チームとしてはこれまででベストの滑り出しであり、大谷の3度目の登板かつ強豪ボストン・レッドソックス相手となれば、観客の期待は否応なく高まってしまう。

観客の入場が一段落した際に集まったチケットは4万4822枚で、1998年の改修工事以来二番目に多い入場者数となった。この4年で火曜夜の試合が満員になったのは初めてのことで、やはり開幕日よりも多い入場者数を記録した。

大谷はこの日の本拠地での試合を待ち望んでいた。2日前のカンザスシティ・ロイヤルズ戦で登板するはずが、悪天候で中止となってしまったからだ。

「ファンの皆さんの温かい声援が力となって、投げることができています」大谷はロサンゼルス・タイムズ紙にそう語る。「今回もまた、力を借りたいと思います」

ところが試合前の熱気が引くにつれ、レッドソックスの打線が大谷の投球をとらえ始める。156㎞というスピードであったにも関わらず、1番のムーキー・ベッツにいきなりソロホームランを浴び、チームはベッツにトータル3本のホームランを許す。反撃の機会を得られないまま1―10と大敗すると、ファンの顔に落胆が浮かんだ。


ファンだけでなく、大谷にも笑顔はなかった。

開幕後3週間で野球界の常識を覆したあと、大谷は翼をたたんで地上に下りてきたかのようだった。3回まで投げられずに降板したのは、右手中指にできたマメのせいだ。2回を終えるまでに4本のヒットと3打点を許し、大谷の快進撃にはいったん歯止めがかかる。

「(マメは) コントロールにも影響していたし、スピードも落ちていた」マイク・ソーシア監督は試合後にメディアに向かって話した。「2イニングだけにしたのは、これ以上悪化させたくなかったからだ」

初黒星を喫した大谷は、マメが最初にできたのは前回の登板のときで、唯一エンゼルスと同数の勝利を上げているレッドソックスとの対戦で悪化したことを明かした。

「チームで診てもらったんですけど、今日1日なら大丈夫そうだと言われて。でも試合になると力が入ってしまうので、持ちませんでした」

それは初めての経験ではなく、日本でもこうした小さなトラブルを大谷は乗り越えてきた。長期化するような怪我でないことは本人もわかっていたが、同時に今後のスケジュールを考えることも忘れていなかった。

「1シーズンは長いですし、まだ始まったばかりなので、慎重にいきたいですね」

そうは言っても、過度に心配しているわけではない。

「どれくらいでよくなるかは大体わかっています。日本では、完治しなくても投げられました。今回も同じような感じになると思います」

降板するまでに、大谷はレッドソックスの打線を一巡しただけで終わってしまった。打者との12回の対峙で明らかになったのは、大谷が勝っても負けても謙虚であるという事実だった。

「これからも、ベストの状態で毎回登板できるとは限りません。半分くらいはベストじゃないと思ったほうがいいですね。それをどうするかが課題です」

レッドソックスはこの日、大谷が不調だったために、過去2回の登板で見せたような鋭く落ちるスプリットを受けることはなかった。18奪三振のすべてが空振りという、驚異のピッチングは披露されずに終わることになる。

投球は2回で66球にも及び、奪三振はJ・D・マルティネスからの1回のみだった。

「スプリットは上手にコントロールできなかったし、ストレートは球離れがよくなかったです。スライダーも上手くいきませんでした」と大谷は話した。

2018年4月24日

ヒューストン・アストロズがこの日に抱えた悩みの種は、大谷翔平だった。

前回の登板における右手のマメの懸念を振り払うように、大谷は8―7でのエンゼルスの勝利に貢献した。ここ数試合で負けが続いてようやく調子を取り戻したエンゼルスだったが、そのあいだに大谷の登板はなく、ようやくこの日に力を発揮することとなる。

「前回よりも調子はだいぶいいですね。影響はほとんどないです」

それを聞いて、ファンも関係者も胸を撫で下ろした。マメは意外に厄介なものなのだが、皮膚の回復が早かったのだろう。


レッドソックスとの対戦で敗北を喫したあと、大谷はアストロズに対して5と1／3イニングを投げ、4失点したものの7奪三振、5四球という結果を出した。

強豪レッドソックスを前にして66球でマウンドを下りた大谷だが、アストロズ戦では98

球を投げ、160km超えも6回出している。前回の登板よりも格段に球速が上がっていることは、誰の目にも明らかだった。

当然ながら、ストライクゾーンの厳しい審判として知られるエリック・クーパーもその点には気づいていただろう。容易には右腕を上げないクーパーのせいで、フォアボールを5回も取られたのだという意見もあり、マイク・ソーシア監督は渋々ながらブルペンに通じる電話機に手を伸ばすことになる。

「今日の打者は目がよかったのかもしれないな」皮肉を込めて監督は言った。

大谷は判定については何も言わず、ただ右腕を指して話し出した。

「今日は思うようにリズムが作れませんでした。バッターが手ごわかったです」

大谷の技術が光る場面はあったものの、メジャー4度目の登板は調子のばらつきが出た試合となった。それでも今回は、エンゼルス期待の新人がマメを克服したことに誰もが安堵し、大勝利でなくとも収穫のある1日だったのは間違いなかった。

2018年4月27日

もし大谷がニューヨークで通用する力があるなら、全米のどこでも通用するということだ。だが大谷は、ニューヨーク・ヤンキースのピンストライプのユニフォームを着るという道は選ばなかった。そしてヤンキースは逃したものの大きさをこの日に突きつけられる。

大谷は4号目のホームランを放ち、しかも投手はアメリカン・リーグのトップクラスであるルイス・セヴェリーノだった。試合結果は10回で4—3とヤンキースに軍配が上がる。大谷は厳しい内角の156・4㎞という速球をとらえ、ライトスタンドに放り込んだ。

しかし、そのあとは1打席にしか立てなかった。5回に1塁へ全力で駆け込んだ際に左足首を捻挫してしまったのだ。

幸い怪我は軽かったものの、その後の2試合は出場できなかった。それでもソーシア監督は、メジャーデビュー後1カ月で見せた大谷の才能が、決して一時的な運や偶然によるものではないと信じて疑わなかった。

「翔平を見ていれば、あの才能が本物だということはわかる。彼の実力に疑うべき点など一切ないし、チームに与えている影響は大きい。迎え入れることができて、とても嬉しく思う」

二刀流選手を迎えたピッチングコーチ

チャールズ・ナギーはハンドルを握り、往復193㎞にも及ぶ道を走っていた。行き先はアナハイムで、そこでは今もっとも注目を集めている投手が練習に励んでいる。

エンゼルスのピッチングコーチであるナギーは、ノース・サンディエゴ郡南部に住んでおり、オレンジ郡までの長距離の通勤を苦にしていない。

「それほど遠くないさ」ナギーは言う。

しかし今年は、はるか遠くの東から新人投手を迎え、チームは新しいスタートを切る。そう、大谷翔平とともに。

日本での活躍を経てメジャー最初のシーズンに乗り出す大谷は、ナギーが指導する投手であるばかりではない。右投げの大谷は、同時に左打ちの打者でもあり、どちらにも秀でているのだ。

「彼は素晴らしいよ」メジャーで129勝を上げたナギーはそう言う。「明るくて、気さくな子だ。野球をこよなく愛しているのがよくわかる」

野球のほうも間違いなく大谷を愛しているようで、1世紀前のベーブ・ルース以来の二刀流という才能を彼に与えたようだ。

しかしベーブ・ルースが投打の双方に励んでいた際、ヤンキースにピッチングコーチはいなかった。エンゼルスの監督であるマイク・ソーシアは、幸いにもナギーという頼もしいコーチを抱えている。

大谷を迎えて、ナギーは先発ローテーション投手を通常よりも1人多い6人で考えねばならなかった。また、バッティング練習をしている際もピッチングの腕を磨けるよう、バランスを考える必要もあった。

大谷は投げる試合では打席に立たないし、登板予定の前日や翌日にも打たない。同様に、打席に立つ試合では登板しない。

投手として出場する試合と試合のあいだに、大谷に効率よく練習させる必要があり、同時に故障者が出た場合のローテーション変更もナギーが行っている。

「メジャーリーグのピッチングコーチの仕事は非常に多岐にわたっている。ありがたいことに、チャールズはどれも上手にこなしている」監督は言った。「日本で翔平は、中5日か6日、あるいはそれ以上開けて登板することもあったそうだ。今シーズン、6人のローテーションでいくなら、中7日は無理でも6日で登板はできそうだ。様子を見ながらになるとは思うが」

メジャーで14年間プレーしたナギーは優れた投手として名を馳せ、サンディエゴ・パドレスに在籍していた2003年に引退している。オールスターに3度選出され、クリーヴランド・インディアンス在籍中にワールドシリーズを2回経験している。

大谷もナギーについて好意的なコメントを残している。

「よく見ていてくれますし、面倒見のよい方です。いつもアドバイスをもらっていて、すごく助かっています」

ナギーが投手たちをよく理解しているのは、自身も投手としての経験があるからだろう。

「彼はいつでもポジティブな気分にさせてくれる」先発投手の1人であるニック・トロピアーノはそう語る。「難しい局面に立たされることがあっても、いつも近くにいて笑顔を見せてくれる。困難を受け流すという姿勢が彼にはあって、それが大事なんだ」

大谷という独特の存在を得ることによって、エンゼルスのスタッフには柔軟性が求められることになった。それでもすべてがスムーズに流れていったのは、ナギーの力量によるところが大きい。

「大谷は誰とも異なるタイプの選手だ」トロピアーノは言った。「二刀流の選手をどう扱うかなんて、よくわからないというのが皆の本音だろう。それでもコーチ陣はよくやっているし、特にナギーはすごいと思う。6人のローテーションっていうのも、かなり異例のことなんだ。けれど、大谷のような逸材を逃すわけにはいかない。だから周りが合わせていくのさ」

大谷もまた未知の領域に足を踏み出していて、ナギーはそのことも心得ていた。

「彼を迎えるのはチームにとって新たな挑戦だ。しかし本人にとっても、ここが挑戦の場であるのは確かだろう。初めて加入したリーグで、何もかもが初体験なんだからね。僕たちが手助けできることはわずかで、ほとんどのことは本人が適応していかなきゃならない。せいぜい話しかけてあげたり、スケジュールを調整したりしてあげるくらいしか僕たちにはできないんだ。時間が許すときは、大谷は食事にも出かけているよ。仲間であることを実感してもらうために誘っているんだ。派手に騒いだりすることはまったくないね。今は週に1回のペースで先発しているし、週に2回投球練習という日々だから」

ナギーは試合後、車の運転席を後ろへスライドし、ビッグAから自宅への復路を走り始めた。チーム唯一の二刀流選手が、明日もスタジアムでナギーを待っているだろう。

「移籍してすぐに、開幕前から活躍すると思っていた者も多いかもしれない」ナギーは語る。「あれだけの前評判だったからね。僕も野球ファンの一人として、皆と同じように大谷を見守り、活躍を楽しみにしている」

その言葉から、チームで一丸となって大谷を支えていることがうかがい知れた。

先発を入れ替えるスケジュール変更もナギーの仕事だ。大谷が足首を痛めてボルチモア・オリオールズ戦に先発できなかったとき、ローテーションを調整する必要に迫られた。

「投手たちに周知徹底することが大事でね。ローテーション投手の全員にしっかりとスケジュールを知らせ、投げる日がいつか、先発までにどんな準備を整えるかを知らせなくてはならない」

どんなに大変な仕事でも、大谷のような特別な選手のデビューに関われるなら、やる価値がある。

「彼を迎えるにあたり、スプリング・トレーニング前に投手たちとよく話し合った。〝柔軟に〟という言葉がキーワードとなり、最初から投手たちはその言葉通りに動いてくれた。チームとして勝ちたいし、優勝したい。大谷が加わることでそれに近づけるなら、メンバーは喜んで柔軟な対応をするというわけさ」

聞き上手でもあるというナギーだが、投手の力を見極めるのがもっとも重要な仕事だ。大谷を見て、彼は何を思ったのだろう。

「体格と動きの滑らかさが素晴らしい。150km以上のファストボールを持ち、カーブもスライダーもいい。それに驚くべきスプリットも持っている」

スプリット――分けるという意味で言えば、投球と打撃の練習時間を分けることは可能なのだろうか。ナギーはこれまで大谷を見てきたものの、まだ試行錯誤の段階だと認める。

「できない理由は見あたらないし、彼ならきっとできるだろう。でも1シーズンは長いので、どういう影響が出るかは未知数だし、時間の経過とともに、本人がどう適応していくかを見ていきたい」

そしてエンゼルスが目の当たりにするのは、大谷に対して様々な策を練ってくる打者たちの姿だ。彼らは球を観察し、どうにか隙をつくべく、まだ見つかっていない弱点を探そうと躍起になっている。

「色々な適応が必要になってくるけど、彼には教科書通りの野球が染みついているからね。できることとできないことをよくわかっていて、どこを修正すべきかもわかっている。これからシーズンが進んでいくにつれて、必要に迫られれば彼も適応するだろう」

アメリカでの生活もまだ慣れないだろうが、なじめるように大谷は努力している。投手たちと一緒に過ごす時間が多いのは、やはり同じ立場の選手に親近感があるからだろう。

「試合中、彼らはダグアウトでずっと一緒に座っているね。でも大谷が明らかに周りと異なるのは、その日打者として出ている場合もあるということだ。だから疑問が出てきたときは、適切な相手に質問しに行っている」

驚いたことに、大谷は返事ができる程度には英語も理解している。

「通訳はついているけど、彼は思ったより英語をわかっていて、会話は難しくない」

ナギーはコミュニケーションについてそう語る。「僕の日本語よりもよっぽど英語を理解しているよ。何かを話題にしているときは、きちんとテーマを把握しているよ」

　メジャー開幕後1カ月は、大谷翔平がもっとも注目を浴びていた。対アスレチックス戦で7回に入るまでノーヒットに抑えた投手が、本当にあのスプリング・トレーニングのときの新人と同一人物なのだろうか？

　もちろん、イエスだ。礼儀正しく陽気で、いつも笑顔の新人は、鋼のように強い意志で投打の双方に励んでいる。

「誰とでも打ち解けているし、誰にでも話しかけている。素晴らしいチームメイトであり、類まれな才能の持ち主だ。こんな選手を間近で見られるなんて、恵まれたことだよ」

第10章

5月 メジャーでも輝く実力

彼はこれまで
誰も成し遂げなかったことをやろうとしている。
こんな選手はこの先もなかなか出てこないだろう

2018年5月1日

大谷翔平が打席に戻ってきた。そしてエンゼルスも4連敗から脱し、ボルチモア・オリオールズを3―2で下して久しぶりの勝利を味わった。

左足首の捻挫で2試合を欠場した大谷は、この日ツーベースヒットを放って注目を集めた。

13試合を経て長打7本という記録は、野球史を振り返ってみると、1966年のジャッキー・ワーナーの記録とタイになる。

大谷がチームの勝利を何よりも喜んでいたのは、とても彼らしい姿だった。

また、左足首の捻挫によって登板を見送られても、大谷が動じることはなかった。193㎝、90㎏という巨体から繰り出す投球は、足にも相当の負担を与えるからだ。そのため、エンゼルスはしばらく大谷にブルペンでの投球練習をさせ、次の登板に備えさせることにした。

2018年5月2日

打席では4、受賞は1という数字がこの日大谷翔平に与えられた。

メジャーデビュー後の目覚ましい活躍によって、大谷は3・4月のアメリカン・リーグ月間最優秀新人選手に選ばれ、この時点で4本のホームランを記録していた。

この日はエラーで出塁して生還した大谷は、オリオールズに対して10―7の勝利に貢献することができ、3月29日のデビュー以来、投打の双方で確実に成果を出していた。

4本塁打を含めて、現時点で打率は・341、出塁率は・383、OPS（出塁率＋長打率）は1・065を記録している。

4試合で先発登板し、敗戦投手となったのは1試合のみで、2試合で勝利投手となって防御率は4・43。20と1／3イニングを投げて26奪三振を上げている。

2012年に大谷の尊敬するダルビッシュ有が受賞して以来、日本人の投手が月間新人賞を取るのは初めてのことだ。

「とても光栄なことです」大谷は共同通信社に語った。「まだ始まったばかりですけど、いいスタートを切れたのはよかったと思います」

2018年5月3日

デビュー1年目の大谷翔平が、またしても打席で力強さを見せるのだろうと誰もが思っていた。

しかし、試合前に入ってきた情報によって、エンゼルスのクラブハウスはその話題で持ち切りとなった。

シアトル・マリナーズのスター選手であり、日本野球界でも名選手として名を馳せたイチローが、事実上引退するという報道が流れたのだ。

ただしマリナーズは〝引退〟と明言はせず、44歳のイチローが来シーズンにプレーする可能性も残しているという。

それでも、このタイミングでの報道によって、イチローと大谷の対戦は幻となってしまう。前回の登板が見送られた大谷が、次の日曜のマリナーズ戦で投手として出場すれば、日本人にとって夢の対決が実現するかもしれなかったのだ。

日本が輩出した史上最高の選手と、今後史上最高になるであろう新人選手の対戦は、ついに実現することはないのだろうか。

次世代へのバトンは球場の外で渡されるのかもしれない。

大谷がエンゼルスと契約し、スプリング・トレーニングに参加しているあいだ、メジャーリーグのファンも二人の日本人スター選手が相まみえる日を心待ちにしていたものだ。「心から尊敬している選手です」球団を通じて、大谷のコメントが発表された。「メジャーでも、日本でも、ファンにとっても素晴らしい方でした。対戦できたら嬉しかったんですけど、叶いませんでした。今後のご活躍をお祈りしています」

日本人の野球選手は誰もがイチローに敬意を表しており、大谷もその一人だ。ただし、この二人はメジャー移籍までの経緯が大きく異なっている。

日本プロ野球界で9年プレーしたイチローは、オリックス・ブルーウェーブのスター選手として確固たる地位を築いてからメジャーに移籍し、18年のキャリアを積んだ。一方の大谷は、日本でのキャリアは5年だけで、23歳という若さでメジャーデビューしている。

大谷がイチローを称賛するのはもっともなことだ。しかし、オールスター常連のイチローに向けられる敬意は、大谷だけのものではない。エンゼルスのクラブハウス内では誰もが、イチローの偉業を話題にしていた。

「初めて見たのは2001年のスプリング・トレーニングでライトを守っている姿だった。それまでに噂はたくさん聞いていたよ」マイク・ソーシア監督は語る。「4回を終えた時点で、〝これは大物だ〟と感じたね。とにかく守備範囲が信じられないほど広い。投げるフォームも素晴らしいし、ジャンプもできるし、すべての動きが安定している。あらゆるプレーを、メジャーで長年やってきたスター選手みたいな身のこなしで行うんだ。走塁のときも、守備のときも、バッティングのときも、思わず彼に釘付けになってしまう。やろうと思えば1年に15～20本はホームランを打てるかもしれない。それだけの力がある選手だ」

素晴らしいプレーの秘訣は何か？　ナショナル・リーグのMVPに3度選出されたアルバート・プホルスは、イチローが1塁に来たときに尋ねてみたそうだ。

「ストレッチだよ」細身のイチローは、筋肉質のプホルスにそう言ったという。

「そのあと、〝運がいいだけだ〟と言うから、こう答えたよ。〝3000安打が全部運だとでも言うつもりかい？　君は努力と才能で1本ずつ打ったのさ〟彼は一緒にいて楽しい人物だ。エネルギーに溢れていて、かつ試合で見せるプレーは一流だ」プホルスは語った。

野手の中で、エンゼルスのマイク・トラウトほどフェンス際でホームランをキャッチする技術に優れた選手はなかなかいない。しかしこの点においては、イチローがトラウトの数少ないライバルであることは確かだ。

「彼が際立っているのは、なんといってもホームランのキャッチだ」トラウトは言う。

「僕も守備は得意だと自負しているけど、彼もそうに違いない」

10年連続オールスター選出のイチローが、この日は守備でプホルスを制した。

「MVPを獲れるチャンスがあったけど、それを阻むのはイチローかトラウトだろうと思っていた。だから試合後に言ってやったのさ。〝おい、あれはないだろ。オールスター・ゲームだっていうのに〟」プホルスはそう笑った。

しかし、笑ってはいられない記録がそこにある。アメリカン・リーグで2度MVPに輝いているトラウトは、2004年にイチローが記録した安打数に注目した。

「262本なんて、あり得ない数字だよ。見事としか言いようがないね」トラウトは言った。

プホルスは、イチローと大谷の打撃スタイルに類似点はあるのかと訊かれ、こう答えた。

「日本から来たこの二人を見ていると、どちらにも素晴らしいテクニックがあるということがわかる。バットの運び方ももちろん大事だが、ちょうどいいタイミングまで腕を引いて待っている。そこが重要なんだ。振り急ぐことなく、少し長いくらいにためてからストライクゾーンでしっかりと球をとらえる。とても独特だね。そういうバッターを見たのはイチローが初めてだったよ。そのときは〝あれできちんと打てるのか〟なんて思ったけど、彼は年間200安打を記録している」

さらに、大谷と同様にイチローもかなりの俊足である。

「目を疑うほどの速さだよ」プホルスは言った。「ショートゴロかと思いきや、あの速さで塁を踏んでしまうんだからね」

2018年5月4日

シアトルは雨が多いことで有名だ。しかし、ブーイングの雨が降ることはさほど多くない。

それがこの日、大谷の受けた洗礼だった。シアトル・マリナーズの本拠地セーフコ・フィールドを初めて訪れた大谷は、打席に立つたびにブーイングを浴びることになる。

実はオフシーズンに、大谷はマリナーズと契約するのではないかという見方が地元では強かった。イチローを筆頭に日本人選手が活躍してきた伝統があり、大谷の求める環境が整った球団であると関係者は自負していたのだ。

それにも関わらず、同じ西海岸にありながら、大谷は北のシアトルではなく南のカリフォルニアへと去ってしまった。

その恨みがあらわれたブーイングなのだろうか。

大谷は観客を見返すべく、2回の最初に打席に立った。ところが空振り三振に終わり、その日一番の大歓声が上がってしまう。

「ブーイングは慣れていないですね」mlb.comに大谷は語った。「たぶん初めてかもしれません。あまり経験がないので変な感じでした」

ただ、どんなに騒がれても大谷のプレーに影響は出なかった。この日のヒットは2本で、うち1本はツーベースヒット。現時点での打率を・339にまで上げ、マリナーズに5—0と完勝する。

エンゼルスのアルバート・プホルスも2本のヒットを放ち、3000安打を記録しただけでなく、3001本目もこの試合で打った。メジャーリーグ史上32人目の3000安打達成となり、ドミニカ共和国出身の選手としては、テキサス・レンジャーズのエイドリアン・ベルトレに次いで2人目となった。

試合前に大谷は、バッティング練習中にマリナーズ側に駆け寄っていった。チームメイトと話していたイチローは、そこでユーモアのある対応をする。

左側から大谷が近づいてきて、帽子を取って挨拶しようとすると、イチローはひらりと身をかわして走り去ってしまう。5、6歩進んだところで振り返って足を止め、追いかけてきた笑顔の大谷がふたたび帽子を取る。二人はがっちりと握手を交わしたあと、大谷は礼をし、イチローはチームメイトのほうを指さして何かを話すのだった。

「エンゼルスと契約したとき、メールはもらいましたよ」イチローはスプリング・トレーニング中にmlb.comに対して話した。「オフシーズンに何度か、個人的に会うことはありました。彼はメンタルがとても強いですね。（20もの）歳の差を考えると、僕が父親で彼が息子という世代なんでしょうけど。メンタルでは彼が父親で、僕が息子のようなものです。それくらい強いと思いますよ」

話は戻って、ブロンクスファン並みのブーイングを浴びせられる大谷を、監督はどう見たのだろうか。笑みを浮かべたマイク・ソーシア監督は、殿堂入りした名選手レジー・ジャクソンの言葉を思い浮かべていたのかもしれない。いわく、ブーイングをしない観客はいない。

「シアトルの野球ファンは、翔平が契約してくれなかったことが悔しくて仕方ないんだ。

あれはむしろ、敬意のあらわれさ。彼らがあんなにほしがっていた選手が、うちを選んだと思うとあらためて感激してしまう。今日もいいバッティングをしてくれた」

2018年5月6日

マリナーズファンにとっては、大谷翔平に罵声を浴びせる楽しみがまた増えた1日であろう。

ところがダグアウトに姿をあらわした大谷は、どうやら打席に立たないようだった。この試合は大谷の5度目の先発登板となり、マリナーズファンはあらためて大谷に選ばれなかった悔しさを噛みしめ、悪態をつくことに喜びを見出していた。

しかし、大谷の見事なピッチングを見るにつれ、誰もが喜びを感じずにいられなくなった。意志の強い職人のような正確さと、カリスマ性すら感じさせる一流の投球に、対戦チームの監督さえ感服してしまうほどだった。

「大谷はいい球を投げるね」マリナーズのスコット・サーヴァイス監督は言った。「ファストボールは速さがあるし、変化球も上手い。カーブ、スライダー、スプリット、どれも強さがあって安定している。素晴らしいよ。今日は彼に完敗だね」

前回の登板から12日目だった。5月1日のオリオールズ戦での登板予定は、4月27日のヤンキース戦で負傷した左足首の影響で見送られてしまったのだ。

「思っていたよりも、いつも通りにできました」大谷はmlb.comに語った。「長い休みのあとという感じはなかったです」

7回の途中まで投げた大谷は2失点、6奪三振を上げ、この時点でトータル32奪三振を記録し、投手として3勝1敗となった。最初の5試合で30奪三振以上という記録は、1962年のボー・ベリンスキー（35奪三振）、2006年のジェレッド・ウィーヴァー（31奪三振）に並ぶものであり、全員がエンゼルスの選手であった。

「今日はしっかり実力を出し切れた」ソーシア監督は大谷が投げ切った98球を見届けたあと、そうコメントした。

マリナーズファンはブーイングから一転、すっかり肩を落としていた。それでも大谷は、マリナーズが自分を獲得しようとしたことに感謝を示し、礼儀正しいコメントを残した。「今回だけではなくて、オファーしてくれたすべてのチームに対して、ベストな投球をしたいと思っています。スカウトに乗り出したのが間違いでなかったと思っていただきたいです」6イニングでシングルヒットを4本しか許さなかった大谷はそう話した。

7回にリオン・ヒーリーから2ランホームランを浴び、大谷は惜しくも無失点で試合を終えることはできなかった。敵が描いたアーチを見て、メジャーデビューから間もない大谷は課題を見つけたようだ。

「日本との大きな違いは、1番から9番まで、全員がホームランを打てるということですね。だから気を抜くことができません」オレンジ・カウンティ・レジスター紙に大谷は語った。

しかし、その課題を克服する日もそう遠くはなさそうだ。その日は4回以上、変化球を使った好投で相手を抑え込む場面が見られた。

「すべての球の質が高い」捕手のレネ・リヴェラはそう話す。「スプリットだけでなく、スライダーも打ちにくい。カーブも上手いしね。色々な球種を混ぜて、バッターを次々に打ち取っていった。素晴らしい仕事をしてくれたよ」

この週末、マリナーズファンは大谷の調子をなんとか狂わせようとブーイングに精を出した。しかしこの日も、彼が動じることはなかった。飛んでくる矢からひらりと身をかわすように、投手として3勝1敗、防御率4・10という記録を残してシアトルを去った。

2018年5月8日

日本で放送されるスポーツニュースでは、大谷翔平のバッティング練習が注目を集めていた。試合前であっても、比類なき力を持つ大谷のバッティングがたびたびメディアに登場するのは当然のことだろう。

大谷は、どの試合でも絶対に見逃してはならない選手という評価を定着させていた。それだけでなく、試合前の練習で見せる力強いバッティングを見れば、投打双方における能力の高さに誰もが驚かずにはいられないのだ。


コロラド・ロッキーズの本拠地であるクアーズ・フィールド・スタジアムのセンター奥、スタンド後方に、何本も打球が吸い込まれていく。通常なら球が届かないはずの場所であるにも関わらず。

マイルハイ・シティと呼ばれる海抜1マイルのデンヴァーで、大谷の球はどこまでも飛んでいくかのようだった。

しかしながら、ナショナル・リーグのチーム相手では指名打者として出場することはできない。大谷はやがて、次々にボールを1塁側のルーフトップ・バーに打ち込んでいった。試合中にそれをやったら、ビールジョッキに球が飛び込み、観客は目を丸くしたことだろう。

2018年5月9日

大谷は、また記録を伸ばした。8回で代打として打席に立ち、ロッキーズ戦で8—0という圧勝に貢献することができた。この日もナショナル・リーグのチームの本拠地で試合が行われたため、指名打者としては出場しなかったのだ。

「翔平には、代打でも力を出せるように慣れておいてほしい」ソーシア監督はmlb.comにそう話した。「結果を出してくれて嬉しく思う」

2018年5月10日

大谷翔平のプレーを観るのは刺激的だ。ただ、ヒットだけでは物足りない。

二刀流の日本人選手大谷は、メジャーに来てからバッティングで右足を上げるのをやめ、踏み込んで打つようなフォームを使わなくなった。

その代わり、右足の爪先を軸にして回転させると同時にバットを振り出すフォームに修正し、次々に結果を出すようになっていった。この日も5本目のホームランを打ち、ミネソタ・ツインズ戦で7―4の勝利に貢献する。

またしても打球は遠くへと伸びていき、軽々とフェンスを越え、飛距離は126m、速度は174・9kmを記録した。

どのリーグにおいても、記録的な打球であったことは間違いない。

「まだ完璧ではないですし、毎日、打席に立つたびに試行錯誤しています」大谷はmlb.comに語った。「思うようにいかないときもありますけど、それを修正していくのが練習なので。完璧に修正できたという感覚はないですね」

大谷は、投手と打者の駆け引きも学んでいるところだった。どの投手も最初は大きく振らせないことを目的として、内角を攻めていた。

それが上手くいかないとわかると、今度は外角を攻め、甘い当たりを狙うようになっていった。

「(内角の球は)今でもけっこう打てていて、打率も出ているので、色々と試されているような気がします」そう言った大谷は、ついに打点が20台に達するようになった。

「どう投げようか探っている感じがしますし、こちらもどう打とうか探っているところです。お互い試行錯誤ですね」

腕力だけでなく、大谷は目覚ましい走力も見せてくれる。2塁まで到達した力強い走りは、見事としか言いようがなかった。

時速にして32㎞近い速さで、大谷はわずか8・07秒で2塁に到達し、今シーズン最速の2塁打を記録した。

この記録に匹敵するのは、過去にスリーベースヒットを放った大谷自身によるもので、2塁到達時に7・94秒という記録を出している。

この時点で、指名打者として16試合に先発出場し、14試合で安打という、揺るぎない実力が示されていた。

「彼は危険な選手だよ」ツインズの監督ポール・モリターは話した。「攻撃のスキルは明らかに高く、球をとらえればヒットにしてしまう」

2018年5月18日

メジャーリーグで3番目の大きさを誇るエンゼルスのビデオ・スクリーンには、大谷翔平によってへこみがつけられていた。

前日に、エンゼルスのとんでもない大型新人はタンパベイ・レイズとの試合前のバッティング練習で、スタジアムの右後方にあるスクリーンに打球を当てたのだ。

バットがボールをとらえた快音に、誰もが振り返って目を向ける。人々は首を伸ばし、陽光の降り注ぐライトスタンドへと飛んでいく球を目で追い、この驚異の打球の行方を見守った。

「あそこまで飛ばす選手を見たのは、バリー・ボンズ以来だね」ナショナル・リーグのスカウトは語った。

38列の座席を飛び越え、883㎡の大きさを誇るスクリーンに当たるほどの球を打つ選手は、いずれ背番号が永久欠番となることを想像させるだけのスケールがある。

この調子で大谷が打ち続ければ、17番もいつか、6人の先人たちの背番号と並ぶことになるかもしれない。

　ひとまず今覚えておくべき数字はこれだろう。156m――大谷の打球が飛んだ距離だ。

2018年5月20日

日曜のこの日は大谷がマウンドに立つ。1週間前、ミネソタ・ツインズの打線を封じ込めたのは記憶に新しかった。

その日は11奪三振を上げ、2―1でエンゼルスの勝利に貢献した大谷だった。惜しくも勝利投手とはならなかったが、1失点、3被安打、2四球と健闘した。

　センセーショナル――それが6と1／3イニングの投球をあらわすのにふさわしい言葉だった。

「劇的なピッチングだった」ソーシア監督はオレンジ・カウンティ・レジスター紙に語った。「堅実なんてもんじゃない。劇的だよ」

　双方のダグアウトにいるメンバーも、驚きに首を振っていた。ツインズの1塁手であるローガン・モリソンは、2度のアメリカン・リーグMVPを誇るマイク・トラウトの存在を暗に示しながらも大谷を称賛した。

「彼はこれまで誰も成し遂げなかったことをやろうとしている。こんな選手はこの先もなかなか出てこないだろう」モリソンは言った。「素晴らしい選手はこのチームにもういるけれど、僕にとっては、マウンドにも打席にも立てるこの男こそが、世界一の選手だと思う」

この男、つまり大谷翔平だ。

「マウンドに彼が立つときは、バッターでもあるということをつい忘れてしまう」エンゼルスの2塁手イアン・キンズラーはそう語る。「剛速球を投げるとき、彼はホームランバッターであることを忘れさせる。ホームランを打って塁を回っているときは、素晴らしいピッチャーでもあるということを忘れさせるのさ。本当に彼は独特な選手で、投打のどちらにも素晴らしく秀でている。見ごたえがあるよ」

短いながらも輝かしいキャリアの中で、この日はベストな投球ができた試合と言っていいだろう。

今シーズン、160km超えの投球で知られる大谷だが、日本では最速165kmすら記録したこともあった。

これだけの仕事をこなす大谷だが、試合後の会見で向けられた質問はバッティングに関するものだった。

バットを置いている日曜日の試合後だというのに、オールスター・ゲームのホームラン・ダービーに出たいかどうかという質問を投げかけられたのだ。

「そういうふうに言っていただけるのは嬉しいんですけど」オレンジ・カウンティ・レジスター紙に対して大谷は言った。「まだそのレベルではないと思っていますし、毎日努力をして結果を出すことが大事だと思っています」

そう言いながらも、大谷の確かな投球によって、レイズのメンバーはダグアウトのベンチから腰を上げられずに試合終了を迎える。大谷にとって7回目の先発登板で、新聞の見出しに〝翔平と過ごす日曜〟という文字が躍るのは5度目のことだった。

「今回の登板を次につなげられると思いますし、今度はもう少し長く投げさせてもらえたらいいなと思います」

また大谷は、プレッシャーの高まる場面でも確実に勝ちに行ける選手という評価を得るようになっていた。

「走者が2塁まで来ると、彼は人が変わったようになる」捕手のマーティン・マルドナードは言った。「ストレートも変わるし、スプリットも変わるし、スライダーも変わる。驚きだよ」

それ以外のメンバーは、2日前のバッティング練習で大谷が見せたホームランにまだ圧倒されていた。

「わざわざバッティング練習まで観に行こうと思うような選手は、一握りしかいない」ナショナル・リーグのスカウトを長年務めている人物は言った。「1980年代にはホセ・カンセコ、マーク・マグワイアを観た。2000年代ならバリー・ボンズ、ジョシュ・ハミルトン、ジャンカルロ・スタントンだ。翔平の打撃を初めて目にしたときは衝撃を受けたよ。ただただ〝ワオ〟と言うことしかできなかった。彼はバッティング練習を観たい数少ない選手の一人だね」

2018年5月25日

異なる街の異なる野球ファンたちが、やはり大谷翔平が入団してくれなかったことを恨んでいた。ニューヨーク・ヤンキースは最初から全力で大谷の獲得に乗り出していた。しかしながら、大谷は西海岸のチームを選び、ビッグ・アップルと呼ばれるニューヨーク・シティではなくオレンジ郡を選んだのだった。

大谷にとっては対ヤンキース戦での敵地デビューだったが、当然ながら歓迎とは程遠いムードだった。しかしそれも、この夜大谷が最後に対戦した相手を思えば瑣末（さまつ）なことにすぎない。メジャー最速記録を持つリリーフ投手、アロルディス・チャップマンだ。

新たなヤンキー・スタジアムの観客すべてが、チャップマンの全盛期に思いを馳せながら、8回で2塁に走者を抱えた状態での2人の対戦を見守っていた。

大谷が161㎞のファストボールを打ち、レフト側のファールとなったときは誰もが目をみはった。

ところが結局はチャップマンを前にして大谷はショートゴロに終わり、結果は1点差の敗北で、ヤンキースファンが歓喜に沸くことになる。

「あの対戦には誰もが胸を躍らせただろう」ヤンキースの監督であるアーロン・ブーンはmlb.comにそう語った。「大谷のスイングもかなりのものだったが、チャップマンのほうが一枚上手だったようだ」

はるか東の国からやってきたスター選手大谷は、アメリカ東海岸のスタジアムを埋め尽くした4万6056人の前で試練を味わうことになる。この日は4打席無安打1四球という結果に終わった。

唯一四球で塁に出ても、左投げのチャップマンに後続の打者も抑え込まれてしまった。

「正直、あの状況は考えていませんでした。なんとかつないで次にいきたいところでしたが、あそこで1本打てないのは、まだ力が足りないと思っています。スピードも力もある相手で、それでもいい当たりはあったんですけど」

2018年5月27日

日本の野球ファンはカレンダーに○をつけてこの日を楽しみにしていたが、残念ながら斜線を引くことになってしまう。まるで交通標識のように。

かつて日本のスター投手であった田中将大と大谷翔平の競演は実現しなかった。

この日の登板は負担が大きいとして、投手としての大谷の出場は見送られてしまったのだ。

週の前半、ニューヨークのタブロイド紙はこぞって大谷と田中の競演について報じ、〝世紀の対決〟とまで書き立てた。

「実現したら、間違いなくクールだね」アーロン・ブーン監督はニューヨーク・ポスト紙にそう語る。「二刀流をものにした選手として、大谷は彗星のようにあらわれたからね。田中との競演はとても見ごたえがあるに違いない」

日本のNHKは大谷の登板を毎回生放送していたが、この試合も同様に、日本の午前2時に生放送された。

「世界中がこの試合に注目するだろう」ヤンキースのリリーフ投手デリン・ベタンセスは言った。

それでもこの日、大谷は田中と対峙することになる。そう、打者として。それはメジャーデビュー後初の顔合わせだった。

しかし、残念ながら、せっかくの初対戦で大谷は特筆すべき活躍を見せられずに終わる。田中との対決で4打席に立ったが、2三振2四球に終わり、エンゼルスは1―3でヤンキースに敗れる。

「素晴らしい投手ですし、それが証明されたと思います。ただやっぱり、悔しさが残る試合でした」大谷は記者たちに向かって話した。

一連の対戦を終えて、チームだけでなく大谷個人にとっても敗北感のある結果となった。ヤンキースファンは、もっとも有名な強豪チームに大谷を迎え入れられなかった恨みをブーイングでぶつけ、溜飲を下げた。

マンハッタンのミッドタウンにある高級ホテルをエンゼルスのメンバーがチェックアウトするころ、大谷に手土産は何もなく、無安打5三振4四球という厳しい結果に終わってしまった。

この対戦結果はほとんど報道されることはなかった。2013年に日本で大谷と田中が対戦した際も、大谷は11打席無安打6三振という結果に終わっている。もちろん、当時はまだ大谷は10代だったのだが。

「どの試合でも自分にプレッシャーをかけないようにしているので、今回だけ特別ということはありません」

チームの成績は振るわず、自身の打率も・291まで落ちていたが、大谷は前向きさを忘れなかった。

「ヒットはありませんでしたが、フォアボールを何度か引き出せました。それが今回の対戦ではよかった点だと思います」

モーター・シティと呼ばれるデトロイトで大谷はマウンドに立ち、デトロイト・タイガースとの対戦に備えていた。だが、天候が味方についてくれず、苦戦を強いられることになる。

2018年5月30日

降雨による中断が相次ぎ、2度目は41分という長い中断となった。大谷は5回を投げて交代となったが、3安打1失点という記録だった。その後タイガースが6―1で勝利したために投手としては勝敗つかず、防御率は3・18まで下がる。

それでも大谷はこの日162・7㎞という今シーズン最速記録を出し、人々を驚かせた。

「144㎞とか146㎞を投げてきたと思ったら、突然気合を入れて160㎞級の球を投げるから、本当に面食らったよ」タイガースの監督であるロン・ガーデンハイアーはmlb.comにそう話す。

野球に生涯を捧げるガーデンハイアーもまた、エンゼルスの新人選手に感銘を受けていた。

「ゆっくりでもスケールの大きいカーブを投げるし、マウンドに立つ姿は自信に満ちている。なかなか格好いい投手じゃないか。見た目もいいし、技術も確かな若者だ」

さらには、打つ直前に視界から消えるトリッキーなスプリットも大谷の持ち味だ。「彼のスプリットなんて、正直どうすれば打てるのかわからないんだ」タイガースの外野手ニコラス・カステヤノスはそう話した。「とにかく当たれと願いながら、力一杯振るしかない」

大谷のスプリットはメジャーリーグでもっとも打ちにくい球の一つとなっていた。8回の先発登板で157球のスプリットを投げ、許した安打はたったの1本。対戦打者の44人は誰もが、打席の最後にスプリットを投げられている。空振り率61％という驚異のスプリットは、メジャーリーグ史上2番目の記録となる。

「パワフルな投球の持ち主だ」カステヤノスは言った。「あんなスプリットやスライダーを持ちながら、いつでも160㎞を投げられる選手がメジャーにやってくるなんてね。ジャスティン・ヴァーランダー級の大物だよ」

チームメイトが見たダルビッシュと大谷

2塁手のイアン・キンズラーはメジャーリーグで13年のキャリアを持つ経験豊富な選手だ。そんな彼の経歴の中でも興味深いのは、二人の日本人スター選手のメジャーデビューを見守ってきたことだった。ダルビッシュ有、そして大谷翔平だ。

エンゼルスからボストン・レッドソックスに移籍したキンズラーだが、テキサス・レンジャーズ時代にダルビッシュと共にプレーし、エンゼルスでは大谷のチームメイトだった。

ダルビッシュと大谷が同じ国の出身であり、北海道日本ハムファイターズで同じ背番号11番をつけていたとはいえ、同じ型から出てきた人形のように似ているわけではないだろう。

しかし、「そうとも言い切れない」とキンズラーは言う。「動きの滑らかさや技術面では、似ている部分も多少ある。だが、ダルビッシュはメジャーに来たとき、もっと年齢が上（当時25歳）だった。完成された選手だったのかどうかは確かでないが、翔平よりも経験を積んでいたことは間違いない。それでも異なる選手だし、異なるメンタルに異なる性格を持っている。共通点といえば、優れた才能を持ち、鳴り物入りで日本からやって来たことだろう」

言わずもがなであるが、ダルビッシュは右投げの先発投手だけをやっている。一方で大谷は、先発投手をやりながら定期的に打席に立ち、ベーブ・ルースの軌跡をたどろうとしている。

「両方ともやるなんて、僕が思うに、正気の沙汰じゃないね」キンズラーは椅子の背にもたれかかり、信じられないと言うように首を振る。「メジャーリーグのレベルでそれをやるなんて、究極の才能がなければ無理だよ。己を律し、入念に下準備し、スケジュール管理も怠らない。翔平にはそういったことが全部できるんだ。本当に特別なことさ」

キンズラーはこれまでに、打撃に優れ、マウンドにも立てる選手は他にもいたと語る。しかしこうした選手たちは様々な理由によって、大谷のように歴史や野球の価値観を変える道を選ばなかった。

「大学ではどちらもやっていた選手がドラフト指名されて、投打のどちらかに絞ってみても上手くいかず、もう一方もやってみたものの、やはりダメだということがある。両立は極めて難しいことだし、誰も長い間やろうとしなかったことだ。大昔にやっていた選手はいたが、あのころの野球は今とは別物だった」

キンズラーは、スプリング・トレーニングで不調だった大谷の実力を疑う声が上がったとき、笑ってしまったという。あのプレーを見れば、何も心配することはなかったのだ。

「信じられないくらいの才能だ。流れるような美しいスイング。走るときも、160

km の球を投げるときも、やはり流れるような動きをする。スプリング・トレーニングで彼の体の動きを一目見たら、投打の双方に優れている選手だというのは誰の目にも明らかだった。極めて独特な選手が自分のチームに入ってくれて、とても嬉しく思ったよ。これまでの彼はとても素晴らしかった。このまま長くうちのチームにいてくれたら、もう何も言うことはないよ」

第11章

6月
待ったをかける肘

チームの守護神（エンジェル）である大谷の存在は、
鮮やかな赤いユニフォームを着たファンだけにとどまらず、
幅広い層の人々の心をつかむようになっていた

2018年6月6日

週の真ん中にあたるこの日、エンゼルスはカンザスシティ・ロイヤルズを本拠地に迎えた。いつもと変わらない試合のはずが、この日は大谷の9回目の先発登板となり、エンゼル・スタジアムでの〝翔タイム〟に誰もが釘付けになる。

大谷の登板は特別であり、見逃すことはできない。鉄のカーテンならぬ〝オレンジのカーテン〟で仕切られているかのように、オレンジ郡に住むエンゼルスファンは地元の球団の試合以外には目もくれない。南カリフォルニアをカバーするテレビ局のフォックス・スポーツ・ウェストだけでなく、日本のNHKも午前2時に、眠い目をこするファンのために生放送を行っている。

熱烈なファンにとっては時差など関係なく、〝大谷サン〟のプレーを見逃すことなど考えられないのだ。

チームの守護神である大谷の存在は、鮮やかな赤いユニフォームを着たファンだけにとどまらず、幅広い層の人々の心をつかむようになっていた。

南カリフォルニアでもオレンジ郡には特に大きなアジア人コミュニティがある。そこに住む誰もが、背番号17番の選手がエンゼル・スタジアムでマウンドに立つときには仕事の手を止め、固唾を飲んで試合の行方を見守る。ビッグAには日本語の広告があちこちに見られ、ビッグな大谷を擁する球団への支援を求めている。大谷が投げるたびに、ストライクや三振を取れば歓声が上がり、打たれたりボールやフォアボールだったりすると落胆の声が響く。

大谷はどれだけ人々の心を惹きつけるのか。

南カリフォルニアの野球ファンにとって、この日はスタジアムをハシゴして観戦することも可能な、特別な1日だった。

日中に、サンディエゴ・パドレス対アトランタ・ブレーヴスの試合がペトコ・パークで行われていた。比較的早く終わったので、そのあと移動してエンゼル・スタジアムへ行き、夜に登板する大谷を観ることも可能だったのだ。

強者の野球ファンの中には、それを決行した者もいたようだ。決行できなくても、そうしたいと考えた野球ファンはかなりの割合でいたはずで、それだけ大谷のピッチングには人々を惹きつける魅力があるのだ。

ロイヤルズとの対戦のためにマウンドへ大谷が上がったとき、観客の意識は一瞬で変わる。スマートフォンに没頭していた人々の視線がフィールド上の大谷に移り、二刀流選手の姿を写真におさめようと、人々は手にしていたスマートフォンを構える。メジャーリーガーの中でも一番写真を撮られていて、インスタグラムを見てみれば、そこは信じられないほどの数の大谷の写真で溢れ返っている。

そうしたファンの中で、これが今シーズン最後の登板になりかねないと気づいていた者はどれだけいたのだろうか。

ロイヤルズは格下のはずだったが、過去の痛みがぶり返したことで大谷は早々と降板することになってしまう。4イニングで4安打1失点を許してしまったあと、大谷は5回のマウンドに上がることはなかった。

開幕前から大谷の動きを映像で研究していた捕手のマルドナードは、どことなく違和感を抱いていた。大谷がウォームアップの投球を終えると、マルドナードはマスク越しにダグアウトへ危機感を込めた視線を送った。

バッターが打席に入る前に8球を平然と投げた大谷だったが、マルドナードは違和感の原因を必死に探っていた。

「いつもなら、彼はカーブをたくさん投げるんだ」mlb.comにマルドナードは語った。「それなのにウォームアップでファストボールばかり投げるから、いつもと何かが違うんだろうと思った」

多くの人々は、例のマメのせいだと思っていた。4月17日のレッドソックス戦で降板する原因となったものが、再発したのだろうと。同じ右手の中指、皮膚の柔らかい部分に、大谷の努力を邪魔するかのようにふたたびそれがあらわれたのだろうと。

確かに大谷はコントロールに苦しみ、4イニングで3四球を出していた。

それでも4回の最後に対戦したエイブラハム・アルモンテを三振に打ち取ると、ダグアウトに戻ってきた大谷の表情は満足げで、何も心配の種はなさそうに見えた。

しかしスタッフ陣は大谷の指を見て、今後のことを考えた。

「マメができかけていたので、無理はさせたくなかった」マイク・ソーシア監督はそう話す。

ささいな変化も見逃さないベテランの指揮官ですら、のちに入ってくる大谷のニュースに驚くことになる。問題は単なるマメだったはずなのに、予想外の事態となり、経験豊富なソーシア監督ですら、新人スター選手の肘の状態に今シーズン一杯振りまわされることになるのだった。

2018年6月8日

エンゼルスがミネソタ・ツインズの本拠地を訪れている際に、大谷翔平に関する二つめの悪いニュースが入ってきた。

前回4イニングで降板したのはマメの再発ということだったはずだが、新たな事実がわかり、球団に衝撃が走る。

ロイヤルズ戦での登板を終えてからコーチ陣らが詳しく調べたところ、問題はマメだけでなく、大谷の右肘も張っているということが判明したのだ。

その後の検査と診察の結果、大谷の右肘の内側側副靱帯にグレード2の損傷が見つかった。野球関係者であれば、その診断が選手にとって厳しいものであることは誰もが知っている。

靱帯の損傷を治療する最終手段として選ばれるのが、トミー・ジョン手術だ。しかしこれを受けるとなると、投手は自身のキャリアを12〜14カ月も犠牲にしなければならない。12月に大谷がエンゼルスと契約してから間もなく、ヤフー・スポーツは大谷の右肘にグレード1の靱帯損傷があることを報道した。そしてＰＲＰ（多血小板血漿）注射と幹細胞注射による治療を受けたとのことだった。

検査の結果グレード2の状態であると判明し、肘の張りの原因が靱帯のせいであることは明らかだった。状態は改善していたわけではなかったのだ。

ソーシア監督は暗澹たる思いで、最大の主力選手を欠いたチームの舵取りをしなければならなくなった。

「チームの要を二つ同時に失ったようなものだ」監督はロサンゼルス・タイムズ紙にそう話した。「これまで大谷がマウンドで見せたプレーは特別なものだった。それと同時に、打席で見せた左打ちのバッティングも非常に重要なものだった」

6月6日にロイヤルズ戦を降板した際は、ちょっとした不調だと誰もが思っていた。わずらわしいマメが再発したと聞いただけで、いったい誰が今シーズンを棒に振るほどの肘の損傷を予測できただろうか。

「非常に残念だが、前に進むしかない」ソーシア監督は言う。「スケジュールは動き続けている。大谷がわれわれにとって特別な存在であったのは確かだが、それでも前進しなければならない」

エンゼルスのGMビリー・エプラーによれば、ピッチャー以外で試合に出ることは可能かもしれないということだった。

医者の許可が出れば、リスクを球団側が判断した上で、投手としては出場せず、打者として復帰ということも考えられるだろう。

二刀流選手の大谷は、誰もが1世紀近くやらなかったことを成し遂げようとしていた。その輝かしい投打双方のプレーでもたらされる興奮は、メジャーリーグだけでなく、世界の野球界を沸かせていた。

メジャーデビュー後、投手としては4勝1敗、防御率3・10、49と1/3イニングを投げて61奪三振を上げている。打者としては打率・289、6本塁打20打点を記録した。

これだけの活躍を見せたにも関わらず、大谷は故障者リスト入りし、メジャーデビュー

1年目は右肘の状態に左右されることになりつつあった。

2018年6月22日

この日のブルペン・セッションでは、マウンドに立つ右投げのフェリックス・ペーニャから60フィート6インチ（18・44m）離れた人物に注目が集まっていた。右肘の負傷で初めて故障者リスト入りした大谷翔平が、いつも通りの様子で打席に立っていた。エンゼルスのブルペンで、大谷はペーニャの放つ投球に意識を集中させていた。

6月28日に出る検査結果を待ちながら、エンゼルスの関係者らはひたすら幸運を祈っていた。その日になれば、PRP注射と幹細胞注射を受けた大谷の肘の経過が、レポートに詳しく記載されて送られてくるはずだった。

結果によっては、一切のプレーができなくなるという可能性もある。その一方で、エンゼルスの中盤の打者として復帰できる可能性もないわけではない。さすがにピッチングは当分無理だとしても。

回復に12〜14カ月かかるというトミー・ジョン手術が必要であるという診断は、まだ大谷には下されていなかった。

もしも手術が必要となれば、すぐに受けるとしてもオフシーズンに受けるとしても、2019年にマウンドに立つ可能性はゼロとなってしまう。

それでもバッターとしての復帰が見込めるならば、救いはある。6月7日以降、球団はそれだけを望みの綱にして大谷を見守ってきた。

2018年6月27日

待ち望んでいた大谷の肘の経過報告がようやく行われたが、結局今シーズンに登板できるかどうかは微妙な状態だった。

バットは振れるのか？　それもまたはっきりしなかった。

エンゼルスのチームドクターであるスティーヴ・ユン医師は、クラブの経営陣に、大谷の肘の回復を妨げないよう絶対に投球させないのであれば、打者としての復帰の可能性もあると伝えたそうだ。

「ということは、彼は打席に立てるのだと私は理解した」GMのビリー・エプラーは、MLBネットワークのインタビューでそう話した。「医師が靱帯の状態はよくなり、事実上回復したという意味で言ったのだとすれば」

6月7日にPRP注射と幹細胞注射を受けたのは、トミー・ジョン手術を回避し、損傷した内側側副靱帯の回復を早めるためだった。

エンゼルスはこのとき4連敗中で、打線も5試合でわずか10点と振るわず、打率は・185にまで下がっていた。

大谷の最新の打撃成績も、一時期は・342を記録した打率が・289まで下がるなど、ここ13試合において振るわなくなっていた。

2018年6月28日

6月6日に大谷翔平の故障が発覚してから、エンゼルスの面々は黙々と練習に励み、なんとか窮地を脱するよう試行錯誤していた。

大谷もようやく右肘の再検査を終えて、バッティング練習の許可を得ることができ、再始動に向けて動き出していた。

しばらくバットを握っていなかった大谷は、落ち着かない様子でブルペンに立ち、ピッチャーの投球を目で追いながら練習に備えているようだった。

「彼が打者としてチームに戻ってこられるのは前進であり、待ち望んでいたニュースだ」ビリー・エプラーはロサンゼルス・タイムズ紙にそう話した。

ちょうどそのとき、マイク・ソーシア監督が鉛筆を持ち、打者のラインナップに大谷の名前を書き加えようとしていた。

「準備が整ったら、知らせてくれるだろう」監督は言う。「すぐかもしれないし、もう少し時間がかかるかもしれない。どういった練習が必要であるにせよ、無理はせず、着実に一歩ずつやってもらいたい」

それは正しい判断に違いない。球団関係者だけでなく世界中のファンが、大谷が戻ってくるというニュースに活気づくことだろう。

メジャーリーグから日本プロ野球界への移籍

日本プロ野球界からメジャーリーグへ移籍することは、大谷翔平にとって大きな挑戦だ。それはセントルイス・カージナルスのマイルズ・マイコラスにも経験のあることだった。ただし、逆のパターンではあったが。

現在はカージナルスの先発ローテーション投手としてエース級の活躍を見せるマイコラスであるが、2015年には読売ジャイアンツに移籍してプレーしていた。異国の地で、言葉もよくわからない状態での選手生活を経験したマイコラスには、今の大谷の気持ちがよくわかる。

日本式の野球になじもうと奮闘したマイコラスの言葉には、真実味があるのだ。

「野球が野球であることに変わりはない。フィールドに入れば、基本はすべて同じなんだ」シーズン序盤、サンディエゴ・パドレスとの対戦前にマイコラスはそう話した。

「試合の進め方もほとんど同じ。ただそれでも、文化的な面では明らかな違いがあった。ほとんどのことはそのまま受け入れていくが、やはりなじめないこともあり、適応するためにある程度の時間は必要だった。一から学ぶことだってあった」

たとえば、どんなことを？

「まずワークアウトが違っていた。ウェイト・トレーニングはあまり重視されてなくて、走り込みに時間を割いていた。走るのはいつでもどこでもできるトレーニングだけど、僕はあまりやってこなかった。

それに、投げる量もかなり多い。日本のピッチャーほどキャッチボールの量が多い選手は、他の国にはいないよ。ブルペン・セッションは毎日あって、コンディション作りが徹底している。一度日本の球団に入ったら、誰もが真剣に取り組んでいるので、同じようにやらなきゃならない」

読売ジャイアンツで3シーズンプレーしたマイコラスは、31勝13敗、防御率2・18を記録している。日本式のトレーニングを進んで受け入れたというマイコラスだが、実は自分なりの対処法も見つけていたのだと語る。

「表向きは、〝日本にいるんだから、できる限り多くのことを周りと同じようにやりたい〟と言っていた」2012年から2014年までのあいだ、サンディエゴ・パドレスとテキサス・レンジャーズの投手を務めたマイコラスは言った。「それで上手くいかなかったり、気に入らないと思ったりすれば、昔のやり方に戻していたよ」

日本人は、ひとたび正しい練習方法だと思えば、なかなかそれを変えたがらないのだとマイコラスは言う。

「非常に細かいところにまでこだわり、それを厳密に守る人々なんだ。手順を飛ばしたり、省いたりすることは絶対にしない。こうすればもっと効率がいいんじゃないかと提案しても、〝絶対にダメだ。この方法しかない〟と言われるんだよ」

日常生活にも慣れないことが多かった。プレー面よりも、そちらのほうがマイコラスにとっては適応が大変だったようだ。

「食事と言葉が問題だったね」

ところで大谷が日本プロ野球界で活躍したことを思うと、ある疑問が持ち上がる。シーズンが長く、選手の質も高いメジャーリーグで、はたして同じように彼は活躍できるのかということだ。

マイコラスの目から見て、日本のプロ野球のレベルはどれくらいなのか。

「よく言われるのは、メジャーリーグとトリプルA（マイナーリーグの最上位）の中間くらいということだが、なかなか的確な表現だと思う。日本の選手は非常に才能豊かで、磨き上げられているよ。FA権行使に関するルールが違っていれば、メジャーリーグで活躍する日本人は今よりもずっと多くなると思う。即戦力になれる人材はかなりいると思うし、わずかな調整期間で適応できそうな選手も数多くいる。だが、同様にメジャーリーグ級の選手はアメリカにも多数いて、特に投手が多いんだ」

マイコラスが気づいたもっとも大きな日米の野球の違いは、攻撃面だという。メジャーでは1番から9番まで全員がホームランを打とうとするのに対し、日本のバッターは状況に応じて打ち方を変える。

「手堅くヒットを打つケースが多いが、内野手も外野手も優れているので、そう簡単にはいかない。あと、アウトを取られないように上手く打ち上げる選手も多いね」

大谷がこれほど早く渡米できたのは、日本ハムがポスティング・システムでのメジャー移籍に同意していたからだ。それを条件としたからこそ、大谷は高校卒業後に渡米せず、日本プロ野球界入りを選んだのだった。

「FA権を得るまでは9年もプレーしなくちゃならない。21歳や22歳でプロ入りしたなら、30歳まで移籍はできないことになる。それでは歳を取りすぎているし、家庭を持っていたりしたら身動きも取れない。それでも24、25、26歳でメジャー移籍を望んでいる選手はたくさんいる。けれど球団側が手放さないんだ。つらいだろうし、なんとも不運だと思うよ。1球団に3、4人はメジャーリーグ級の選手がいる状況なのに」

大谷はデビュー後わずか2カ月で、世界のトップレベルの選手たちと戦える実力を証明してみせた。打撃力のみならず、投手としても優れていることはマイコラスも当然認めていた。

「ここまでは非常にいいプレーを見せてくれているね」マイコラスがそう言ったのは、大谷がグレード2の靭帯損傷と診断される前のことだった。「1シーズンは日本よりも長いし、多くのことが日本とは異なる。でも彼にはとてつもない才能があるから、これからどうなっていくのか楽しみだよ」

日本からメジャーへ渡ったとき、大谷の伝説は一層輝きを増した。日本ハムでも二刀流選手だった大谷だが、太平洋を渡るとなると、周囲はますます彼を持ち上げるようになった。

「アメリカでは、彼が二刀流だということはそれほど騒がれていなかった。たった一人の二刀流選手で、かつ日本のスーパースターでもあり、毎日ニュースに取り上げられているというのに。たぶん、日本で何年もそのプレースタイルでやっていたからだと思う。本当に騒がれ出したのは、実際にこっちに来てからのことさ」

彼は独特な選手であり、その体のケアも独特なものになる。
普通のピッチャーや普通のバッターよりも
細心の注意を払わねばならないんだ

第12章

7月
打者として躍進

2018年7月3日

アメリカが独立記念日を祝う1日前、日本では人々が大谷翔平の復帰を祝っていた。6月6日に右肘の靭帯損傷で故障者リスト入りして以来初めて、指名打者としてのみではあるが、大谷は久しぶりにユニフォームを着ることができた。

エメラルド・シティと呼ばれるシアトルには、かつて大谷翔平を欲した球団が存在し、その球団のスタジアムに大谷はまた降り立つことになった。

エンゼルスのラインナップに名を連ねた大谷は、5月にシアトルを訪れた際に盛大なブーイングを浴びせられた。同じ西海岸にありながら、大谷がマリナーズではなくエンゼルスを選んだことに、シアトルの住民はいまだに苦い思いを抱いているのだ。

この日も大谷は9回まで、自身に対するブーイングと、投手に対する歓声を聞きながらただプレーするしかなかった。この日は4打席で無安打に終わり、エンゼルスはマリナーズに1―4で敗れる。

4回の打席で大谷のパフォーマンスが光ることはなかった。

そのうち3回は、打席からそのままダグアウトにUターンさせられることになる。以前は大谷が三振を奪い取っていたというのに、この日は自身が三振を生み出してしまっていた。一部のファンのあいだではテレビゲームでの〝翔タイム〟が流行っていたが、現実はそう上手くはいかなかったようだ。

「雰囲気やスタジアムが違う中で、相手の球に対応するのは難しかったです」大谷はmlb.comにそう話した。「もう少し時間がかかるかもしれません」

チーム全体もいいパフォーマンスができず、マリナーズに敗北してしまう。のちに、マイク・ソーシア監督は大谷の打撃を懸念する声のしつこさに、とうとうこう言い放った。「翔平は今、球を見極める時間が必要なんだ。調子は戻る。スイングのスピードは衰えていない」

2018年7月4日

前日は冴えない結果に終わったが、この日大谷翔平はようやく始動し、エンゼルスの7—4の勝利に貢献し、マリナーズの連勝記録を8でストップする。

2回に捕手の打撃妨害で1塁へ出塁した大谷は、続くルイス・ヴァルブエナの左翼線へのツーベースヒットで、一気にホームへと生還する。

4回に復帰後初ヒットを打ったあと、大谷はコール・カルフーンの中安打からふたたび生還する。

この試合では3回出塁し、2安打2得点を上げることができた。

「昨日に比べると、だいぶボールがよく見えるようになりました」大谷はmlb.comにそう話した。「前に大きく進めたような気がします」

ただし、大谷は他の選手と異なり、本来ならトレーニングには投打の双方が含まれている。ピッチングができないのであれば、まだ本調子ではないということだ。

「投げながらバッティングする、というのが日常的なことでしたから、一方だけやるというのは、普段通りではないなと思います」大谷は共同通信社にそう語るのだった。

2018年7月6日

高校野球のスター選手から、フリーウェイ・シリーズと呼ばれるドジャース対エンゼルス戦にまで駆けのぼった大谷翔平は、ここで究極の野球を学びつつあった。勝敗が決まるまで全力で走り、全力でバットを振れば、最後に何が起きるかはわからない。

9回の時点で、勝負はほぼ決まったものと思われていた。ロサンゼルス・ドジャースのオールスター選出投手、ケンリー・ジャンセンによって2—1とリードされ、エンゼルスは背水の陣に立たされていたからだ。

ドジャースの誰もが、試合開始時に過去最高の42・2度という猛暑に見舞われたアナハイムで、最後に冷や水を浴びせられようとは思っていなかった。

エンゼルスは9回の裏を迎えて2アウトで、1点差の状況で大谷が打席に入った。ジャンセンはすぐに2ストライクを取り、大谷を追いつめた。

そこから大谷は冷静な観察眼によって、ボール球に釣られることなく四球を引き出した。

最後の1球がボールとなり、大谷が1塁へ向かうあいだ、ジャンセンは大谷を打ち取ってエンゼルスを下せなかった悔しさを噛みしめていた。

同点に追いつこうと、次に大谷は2塁への盗塁に挑戦する。捕手のヤズマニ・グランダルの右腕に挑む形となったが、勝利は大谷がつかんだ。

グランダルの投球が大きく外れると、大谷はさらに走り続け、ドジャースの悪送球の恩恵を受けて3塁に進む。

そして次にチームメイトのデイヴィッド・フレッチャーがシングルヒットを放ち、大谷が生還して同点に追いつく。さらにイアン・キンズラーのヒットによって逆転サヨナラ勝利となり、初のフリーウェイ・シリーズ参戦だった大谷にとって、この勝利は一層喜ばしいものとなった。

ジャンセンに2ストライクと追い込まれてからの生還は、運も関係していたのだろうか。それもあるかもしれない。だが、ここで大谷は優れた選球眼を持っていることも証明し、それがチームの勝利に貢献したのは間違いないだろう。

回復中の肘のせいで投球はできないものの、大谷には打撃力がある。しかし同胞の前田健太を前にすると、バットが快音を放つことはできなかった。

第1打席は大谷の空振り三振、第2打席はショートフライに終わり、日本での対戦も合わせると9打席で2安打と苦戦している。

「それでも、なんとかして塁へ出てチームに貢献したいと思いました」大谷はmlb.comにそう話した。

大谷には不屈の精神がある。圧倒的な力を持つジャンセンを前に、チーム全体が諦めのムードになっているところで、彼は白旗を挙げることを拒否したのだ。

「最後まで諦めないのが大事ですから。最後のアウトを取られるまで」

ドジャースが最後のアウトを取ることはなかった。そしてこの日、大谷は初めて自身の多才ぶりを披露したとも言える。ベースランニングだけで同点に追いついたという事実が、何よりの証だろう。右腕とバットでの実力を充分に証明したあと、下半身にも隠された力があり、敵の隙をつくことができると知らしめたのだ。

「重要な場面で盗塁できるだけの確かなテクニックとスピードがある」ソーシア監督はロサンゼルス・タイムズ紙に語った。「盗塁は数をこなせばいいわけじゃない。必要なときに盗塁することこそが大事で、そうすれば彼のように試合を変えることができる」

スター選手の活躍した夜であったが、もっとも大きなドラマを生み出したのは一番新しいスターであり、ハリウッド映画の台本にうってつけの展開となった。

走れ、翔平、走れ。彼が走ったとき、エンゼルスはまた一つ新たな勝利をつかみ取った。

2018年7月10日

序盤はマリナーズにリードされる展開となったが、この日エンゼルスは9―3の勝利で試合を終えることができた。大谷は終盤にダメ押しの追加点を入れただけでなく、2塁手のディー・ゴードンのエラーを誘うヒットで走塁する場面もあった。その足の速さが守備陣に焦りを生み、それが悪送球につながるのだ。メジャーで活躍する日本人選手の中でもまれに見る俊足だ。

8回には外角高めに来た152kmのファストボールを左中間に放った。しっかりと芯でとらえられた球は、168kmの速さで芝の上を飛んでいった。

大谷の打撃力を知らない者はいない。しかし、エンゼルスの中でもトップクラスの俊足であることは広く知られているわけではなく、彼の才能は無限に広がっていくかのようだ。

マリナーズのゴードンは自身も足の速さを誇る選手だったが、大谷が打ったとき、打席を駆け出した驚くべき速さを目にした。球をしっかりと拾ったゴードンだったが、急ぐあまりにコントロールを失ってしまった。

このときの大谷の走りは秒速29・6フィート（9・02m）。30フィート以上ならトップクラスの速さだが、それに迫るものがある。1塁に到達するまで、わずか4秒しかかからなかった。

マリナーズの最後の望みを断ち切ったとき、センターフィールド奥の岩が花火に照らされ、駐車場に立つ巨大な〝A〟を囲む天使の輪が光り、オレンジ郡にエンゼルスの勝利を知らせる。

エンゼルスのメンバーは、勝った試合でいつもやるように、フィールドに出て全員で勝利を祝いあう。ベンチにいた選手たちが歩き出し、マウンドを越えて、フィールドにいる選手たちと合流してハイタッチを交わす。

フィールドに向かって歩くとき、大谷は奇妙な感覚を抱いていたはずだ。花火があたりを照らし、エンゼルスがワイルドカード争いでマリナーズの優位に立ったことをファンが喜んでいるというのに、彼は心ここにあらずといった表情だった。

マウンドの傾斜をのぼるとき、大谷の心がどこにあるかが明らかになった。指名打者として出場するだけでは、彼は満たされていないのだ。

しばらく大谷はマウンドの上にとどまり、懐かしむように投手板を足でなぞった。肘の故障さえなければ、ここに立ち、二刀流選手としての夢を実現できるのに。そんな思いが伝わってきたが、今は待たねばならない。前進するために待つのだと自分に言い聞かせるように、大谷は左足で投手板をこすり、やがて仲間たちの輪に加わった。

大谷も守備陣にハイタッチするが、捕手のマーティン・マルドナードと顔を合わせると、少し違ったやり取りが見られた。マルドナードがふざけるように大谷をパンチし、かつてバッテリーを組んだ大谷からは笑みがこぼれた。

2018年7月16日〜19日

オールスター・ゲームが開催され、大谷には4日間のオフが与えられた。5月にはオールスターの投打双方の候補と呼ばれただけでなく、ホームラン・ダービーへの参加まで噂されたことが、遠い昔に感じられるようだった。

肘の靭帯損傷で1カ月の戦線離脱となったため、大谷のオールスター選出は叶わなかった。指名打者としての復帰は果たしたが、まだ投手としては復帰できていない。

それでも前半戦の成績を見てみると、日本プロ野球界ではとっくに証明されていた大谷の実力が、メジャーリーグファンにも広く知られるところとなったのは明らかだ。大谷はまさに独特なスター選手に他ならない。

打撃成績は打率・283、出塁率・365、長打率・522、7本塁打22打点を記録している。

投手成績は49と1／3イニングを投げて4勝1敗、防御率3・10。61奪三振、21四球という結果だ。

これは一般的な新人選手とはかけ離れた成績であり、いくら大谷の前評判が高かったとしても、驚きを禁じ得ない。

「開幕前には特に目標を設定することはありませんでした」大谷はmlb.comにそう話した。「やってみてから考えようと思っていました。いいときも悪いときもありましたが、全体的に見て、けっこうよかったと思います」

マイク・ソーシア監督は褒め言葉を出し惜しみする人物ではない。それでも大谷の印象を語るには、とても言葉が足りないという思いが垣間見えた。

「翔平は彼の才能が本物であること、そしてメジャーリーグという最高レベルの場で勝負できる力があることを証明してみせた。非常に嬉しく思っている。溢れるような才能があるとはいえ、あの若さでよくここまでやったものだと思う」

大谷は右投げの投手のほうが打ちやすいようで、それゆえに相手が左投げのときは打席に立たないことが多い。OPS（出塁率＋長打率）は左投げに対しては・508だが、右投げに対しては1・032となっている。

「ずっと言ってはいるんですけど、左投げだからといって打ちにくいとは思っていません」大谷は言う。「日本ではけっこう打てていましたし、いつでも打てるように準備してはいます。もちろん、もっと結果を出せていれば、左投げでも打たせてもらえるのかもしれないですけど。そこはソーシア監督の判断なので、任せています」

そうは言っても、大谷の存在が試合の勝敗を左右しているのは間違いない。シーズン前半戦で大谷が投打いずれかで出場した試合の勝率は、出場していない試合よりも圧倒的に高かった。そして代打での出場は、10試合に出て5勝5敗だった。

大谷と同様に日本で投手として活躍していた前田健太は、後輩の前半戦を振り返ってこう語った。「バッターとしても、ピッチャーとしても、とてもよくやっていたと思います。とても難しいことをよくやっているなと」

二刀流選手として早々に好成績を出していることは、国民の誇りでもあると前田は言う。

「同じ日本人として、新しいことに挑戦して成功するというのは嬉しいものだと思います。それと、両方やるというのは本当にすごいことです。アメリカのレベルはかなり高いですから」

ワシントンDCで開催されるオールスター・ゲームに出場はしなかったものの、大谷はスターが集う場所に出かけてはいたようだ。白いTシャツ、黒い帽子、黒のリュックサックという、いかにも普通の20代の若者といった格好をした大谷が、ユニバーサル・スタジオ・ハリウッドで目撃されていたのだ。

2018年7月20日

投手大谷が帰ってきたのだろうか。そうかもしれないし、そうでないかもしれない。

エンゼルスが前年王者のヒューストン・アストロズとの3連戦に備える中、大谷は通訳の水原一平が見る限り、投球に問題はなさそうだった。

エンゼルスの二刀流選手は、あくまでも慎重にボールを放っていた。まだ試合でグラブを手にするときではない。それでも着実に日々をこなしていくことが、マウンドに戻るための唯一の方法であるのは確かだ。

チームドクターの許可が出た翌日、大谷は投球プログラムに取り組み始めた。シーズン終了前に投手として復帰するために、PRP注射と幹細胞注射で治癒を目指し、トミー・ジョン手術を避けるという狙いがあった。

その第一段階として、慎重ながらも前向きなコメントを球団として発表する必要があった。

「リハビリが予定通りに進めば、今年中に投げられると思う」ソーシア監督は英語でそう語り、通訳がそれを日本語に訳した。

GMのビリー・エプラーもまた、記者に対して楽観的な発言をする。

「選手にとって最善の方法を取るだけだ」エプラーはESPN局にそう話した。「すぐに投げられる状態なら、もちろんそうしてほしい。時間がかかるのであれば、かければいい。臨機応変にやっていくつもりだ」

大谷の実力を活かすために、チームも当初の方針を変えていくことにしたようだ。オフシーズンに大谷を獲得するために行ったプレゼンテーションの内容と異なるとはいえ、投手としての復帰ばかりにこだわるのはやめたようだ。

それにしても、大谷はやはり独特な存在だ。エンゼルスはこのような状況の二刀流選手をどう活用するか、新たなアイデアをひねり出さねばならないのだから。通常であれば、どんなケースであろうと、故障した選手をその後も活躍させるため、野球界には決まったリハビリのプロセスがあるものなのだ。

しかし多彩な能力を持つ大谷という個性的な存在を前にして、エンゼルスはこれまでに使っていたテンプレートを、そのまま彼に当てはめることはできない。

「彼は独特な選手であり、その体のケアも独特なものになる。普通のピッチャーや普通のバッターよりも細心の注意を払わねばならないんだ」エプラーは言う。「投球に関しては、段階を踏んで少しずつ進めていくことを忘れてはならない」

大谷が試合に戻るとともに、二刀流に懐疑的な者たちも戻ってきた。大谷に投打双方を挑戦させるエンゼルスを冷ややかな目で見ていた者たちは、この状況にほくそ笑んでいた。エンゼルスと大谷が、なんとか肘にメスを入れずに治癒させようとしている状況が、無駄な努力に見えたのだろう。

そこでエプラーは、様々なメディアに対してこのように発言した。カーラン・ジョーブ整形外科クリニック（エンゼルスのチームドクターが所属する診療所）の医師の誰一人として、リハビリに12～14カ月もかかる手術をすすめてなどいないのだと。

「医師団は決して、選手に手術を強要するようなことはしない」エプラーは言った。「膨大な時間と費用をかけて医学を学んだ人々の言うことを、私は信用している」

学ぶといえば、マイク・ソーシア監督も野球界では修士号を取れるくらいの経験を積んでいる。選手として13年、エンゼルスの監督として19年という長いキャリアがあるのだ。監督は大谷の投手復帰に楽観的であるようだが、周囲に対しては、むやみに騒ぎ立てないようにと説いている。

「今がステージ1だとしたら、最終的にはステージ10まで行かねばならない」ロサンゼルス・タイムズ紙に対してソーシア監督は言った。「まだ動き出すべき時期ではないんだ」

練習の時点でピッチングもバッティングも好調だとしても、実際の試合ではそう簡単にはいかないものだ。

前年王者のアストロズは、左投げのダラス・カイケルを擁している。サイ・ヤング賞投手であるカイケルとの対戦は、今シーズン左投げに苦戦している大谷にとって難しいものとなるだろう。

エンゼルスの打者らは右打ちも左打ちも、立派なあご髭を生やしたカイケルの巧みな投球に苦戦を強いられていた。

エンゼルスは7回の2アウトまで1本のヒットも打てず、大谷もオレンジ郡のファンを釘付けにするプレーを見せることはできなかった。3打席はすべて三振に終わってしまった。

しかし試合結果よりも注目されたのは、その日の午後に通訳とキャッチボールをする大谷の姿だった。ボールを投げる大谷の姿を見て、コーチ陣も選手たちも笑みを浮かべていた。

それほど長い距離を投げたわけでなく、ごく軽い力であったのは確かだった。相手はチームメイトではなく水原なので当然だが、誰もが待ち望んでいた大谷の投げる姿を、アナハイムで久しぶりに目にすることができた。

怪我から6週間でキャッチボールの許可が出たという事実は大きなものだった。この時点で4勝1敗の大谷が、今シーズン登板できるのかどうかはまだわからない。復帰への道のりに壁が立ちはだかる可能性はまだあり、今シーズンもっとも話題にのぼった右腕の投球をふたたび試合で見られるかどうかは不透明だ。

それでも、これまで多くの既成概念を打ち破ってきた大谷だ。多くの人々は、先発投手としての復帰を目指す大谷を否定するような見方はしていなかった。

「確かにテンプレートはあるが、今後の様子を見ないことには、そのまま進めるわけにはいかない」ソーシア監督は言った。「柔軟になることが大事なんだ。ただ、リハビリがすべて予定通りに進めば、今年中に登板できるだろうとは予想している。投球の進め方については、段階を踏んでやっていくことが大切だ。調子がいいようだったら、投げる距離も伸ばしていくし、投げる時間も増やしていく。しかし、メジャーリーグの試合でいつ登板できそうかという点については、まだ答えることができない」

復帰へと前進するか、足踏みするかについては、大谷の貴重な右腕次第だとソーシア監督は言う。

「選手にとって一番いい方法を採用したい。早く投げられるに越したことはないが、必要であれば時間をかけるべきだ。一段階ずつ進んでいくために、柔軟に対応していきたい」

2018年7月23日

エンゼルスはこの時点で50勝50敗となり、躍進しているとはあまり言えない状況だった。100試合を消化した現在、希望に満ちた開幕時の勢いはやや衰え、息切れが目立ってきた。

それでも大谷は、この試合で8号目となるホームランを放った。シカゴ・ホワイトソックスを相手に5―3で敗北したにも関わらず、センターフィールドのど真ん中を飛んでいった大谷の打球は、日本で大きく報じられた。その活躍を受けて、7月初旬、大谷にそっくりの人形が日本の報道番組に登場した。顔も非常に似ているのだが、左打ちのスイングまでしっかりと真似できているところが驚きだ。

大谷のホームランは133mの距離を飛んでいったが、この人形が配られた日は、それに匹敵するほどの長蛇の列ができたという。

ただ、生身の大谷はホワイトソックスにとって脅威でしかなかった。

「確かに、パワーのある選手だね」ホワイトソックスの監督であるリック・レンテリアはmlb.comに語った。「最初の打席では1球目から打ってきて、かなり奥まで飛んだフライだった。あれを見た瞬間、〝こいつはすごいな〟と皆で話していたんだ。2打席目に打球がセンターを飛んで芝に落ちたとき、〝やっぱりな〟と誰もが口をそろえた。若いし、見た目もいい選手だ」

2018年7月25日

〝ビッグゲーム・ジェイムズ〟と〝翔タイム〟のニックネーム対決は、どちらに軍配が上がるのか。

過去6試合で5敗と低迷しているエンゼルスの調子を上げるべく、マイク・ソーシア監督は打者ラインナップを入れ替えた。ベテランの右投げ投手であるジェイムズ・シールズに対抗するために、大谷を2番に持ってきたのだ。

「打順については、1週間ほど話し合ってきた」試合前のインタビューで、ソーシア監督はロサンゼルス・タイムズ紙にそう話した。「変えるなら、今がいいタイミングだと思ったんだ」

5回にシールズの球を深くとらえて2ランホームランを放ち、大谷は接戦だった試合で一気に点差をつけた。今シーズン9号目のアーチは136mの距離を飛び、大谷にとっては4月の137mに次いで2番目の飛距離となった。

大谷がシールズと対戦する姿に迷いは見えなかった。同様に、エンゼルスの投手タイラー・スキャッグスが大谷に寄せる信頼も、揺るぎないものだった。

大谷の打球がスタンドに吸い込まれていったあと、TVカメラはスキャッグスを映し出した。目を丸くしたあとに笑みを浮かべ、スキャッグスは宝くじに当たったかのように小躍りしていた。

「あのときの気持ちをそのまま出したんだ。あんなもんじゃないけどね。本当に興奮したよ」スキャッグスは語った。

2018年7月29日

陽射しが照りつける、暑さの厳しい日曜の午後だった。エンゼル・スタジアムのゲートが開く前に大谷が手にしたのは、右で投げるためのグラブであり、左で打つためのバットではなかった。

20人以上の日本人を含むメディア陣が、試合前のキャッチボールに注目することはほとんどないのだが、この日だけは違っていた。

大谷は通訳の水原一平にではなく、チームメイトに向かってボールを投げていた。その様子は、他のポジションの選手が肩慣らしとして軽く投げるのとは異なっていた。

大谷はピッチングのフォームで投げていた。ゆっくりと、正確に、鍛え上げられた肉体を慎重に動かして投げているのがよくわかった。遠くから見る限りでは、全力で投球できるまでの道のりを少しずつ歩んでいるようではあった。慎重そうに見えるのは、不安を抱えているからだと指摘する者もいるかもしれない。一歩間違えば、回復中の肘の靭帯に影響が及び、今シーズンの復帰が幻と消えるかもしれないのだ。

距離の長い投球とはいえ、この練習だけでは充分でないと言う者もいるだろう。しかし、大谷が細心の注意を払って、非常に正確な投球を行う選手だということを知っていれば、見えてくるものは違ってくる。33m離れた場所から見ていても、まったく無駄のない動きで投げられたボールは、すべて完璧なタイミングで手を離れていくのがよくわかった。

球団とメディアをつなぐチームスタッフ

エンゼルスファンのあいだで、大谷翔平の人気はもはや不動のものとなっている。エンゼル・スタジアムで名前を呼ばれ、打席に大谷が向かうときに聞こえてくる歓声は、ときにマイク・トラウトやアルバート・プホルスに向けられるものより大きいことがある。

先発投手としてマウンドに大谷が上がれば、やはり観客は大きな盛り上がりを見せる。

大谷の一挙手一投足を見守るのは、アメリカのメディアだけではない。ざっと見て20人以上はいる日本人記者が、毎日大谷の状況を報道しているし、韓国、中国、台湾からも取材が来ている。

取材された内容は、それだけ多くの国の言葉に通訳されて発信される。水原一平が大谷の通訳であり右腕でもあるのは広く知られるところだが、メディアはマイク・ソーシア監督や大谷に関連した情報の多くを、グレース・マクナミーを通して得ている。

「私の主な仕事は、チームと各国メディアのあいだの橋渡しをして、情報を公開することなの」マクナミーは言う。「必要な情報が行き渡るように気を配っているわ」

マクナミーは即戦力としてエンゼルスの経営部門に加入してきた。12月に大谷との契約が発表された直後、マクナミーはエンゼルスの広報部長であるティム・ミードに自ら連絡を取り、期待の大型新人に関してサポートできることはないかと問い合わせたのだった。

「野球界に戻りたかったの。素晴らしい機会だし、ぜひクラブの役に立ちたいと思ったのよ」

日本人の両親を持ち、アメリカで生まれ育ったマクナミーは、すでに野球界でのキャリアを積んでいた。野茂英雄がロサンゼルス・ドジャースに入団した際、彼の通訳を務めたマイケル奥村とともに球団に採用されたのだ。オレンジ郡の住民でもある彼女は、エンゼルスにとって完璧とも言える逸材だった。

マイク・ソーシア監督の日本語はたどたどしいものの、マクナミーや日本人記者に対しては片言でも話そうとしている。誰もがその努力に敬意を表しつつ、冗談まじりで監督を褒めそやすのだった。

だが、マクナミーが表舞台に立つときは誰もが真剣だ。ある記者が、マクナミーが通訳し終える前に発言しようとしたとき、ソーシア監督はドジャースの捕手時代を思わせるような毅然とした態度でこう言った。「おい、待つんだ。グレースの話が終わっていないだろう」

グレース——優雅——という名にふさわしく、大谷の情報を求めて監督の周りに殺到する取材陣を、見事にさばいていくマクナミー。その光景は、ほぼ日常的なものとなっている。

ソーシア監督は言葉の壁を苦にしない。野茂が入団した際にドジャースの選手だっただけでなく、それ以前にメキシコからフェルナンド・ヴァレンズエラを迎え入れる経験をしていた。ヴァレンズエラのロサンゼルスでの活躍は世間を熱狂させ、彼のファンは〝フェルナンド・マニア〟と呼ばれたほどだった。

「マイクは語学が堪能で、スペイン語で選手に話すこともあるし、日本語も学ぼうとしているのよ。それが彼の人柄をあらわしていると思うの。日本のメディアに対しても丁寧に対応しているし、いい関係を築いているわ。親しみやすいんでしょうね。マイクは選手や関係者をほっとさせるような雰囲気を持っているの。スペイン語や日本語を学んで言葉の壁をなくそうとする姿勢も、そうした雰囲気の理由だと思うわ。私の経験から言えば、相手が自分の国の言葉や文化を理解しようと努力してくれると、とても嬉しいものなのよ」

それにしても、なぜ日本のファンは大谷の情報をこれほど追い求め、打席に立ったび、登板するたび、そして何か発言するたびに騒ぐのだろうか。

「取材班の中に、日本ハムで以前コーチをやっていた人がいて、こう言っていたわ。翔平は国民の息子みたいなものなんだって。日本人の誰もが彼を応援していて、成功してほしいと願っているの」

大谷の独特な才能もまた、光に引き寄せられる昆虫のようにファンが集まってくる大きな理由なのだと言う。ただ、人気の秘密はプレー面だけではないとマクナミーは語る。

「野球の実力だけじゃなくて、彼は誰からも好かれる人物なのよ。日本人コーチたちに話を聞いても、やっぱり彼はとてもいい人だという意見だわ。そう思われるのは、彼の性格が理由でしょうね。とても謙虚で、思いやりがあって、真面目で練習熱心なの」

日本人の中で、大谷を応援していない者を探すほうが難しいだろう。マクナミーもまた、大谷の歴史的な挑戦を応援し、メジャーで1世紀ものあいだ見られなかったプレーを楽しみにしているファンの一人なのだ。

「日本人としてとても誇らしいし、誰もがそう思っているはずよ。ある人物がとてつもない努力をしていて、向上するために挑戦を続けているとしたら、周りは成功してほしいと思うものでしょう。なおかつ、これだけの実力を発揮することができているのだから、私たちはとても誇らしいの。彼だけに限らず、スポーツでも学問でも、大変な努力をしている人を見れば、成功して報われてほしいと願うのは当たり前だと思う。翔平の場合も、その努力に誰もが敬意を表している。心から応援したくなるのは当然よ」

どの国の言葉で語られたとしても、それが真実なのは間違いない。

第13章

8月
左投げとの対峙

一刻も早く戻って投げたいというのが本音です――大谷翔平

うだるような暑さの8月がやってきたが、大谷はまだ左投げの投手に対しての打開策を見出せていなかった。投手はどんな打者に対しても、スイングの弱点を見つけてくる。打者はそれを克服して対応する必要があり、左打ちの大谷もまた、その途上にあった。

その模索の期間は長引くこともあるし、苦戦することもある。どんなことも克服してきた大谷だが、左投げの投手に対してばかりは、すぐに適応するというわけにはいかないようだ。

8月に入った時点で、大谷の左投げに対しての打率は・170（53打席9安打）、OPS（出塁率＋長打率）は・400、0本塁打2打点、22三振という成績となっている。一方右投げに対しては、打率がおおむね・296、OPSは・967、9本塁打23打点、34三振という成績だ。

エンゼルスのバッティング・コーチであるエリック・ヒンスキーは、原因をこう指摘している。左投げのカーブを左打ちの打者が受ける場合、上手く当てるのは容易ではない。大谷の左投げに対するスイングはやや身を乗り出しがちで、上手く当たらない傾向が強いという。

「今は我慢のときだと思って、見守っているんだ」ヒンスキーはロサンゼルス・タイムズ紙のマイク・ディジオヴァンナにそう話した。「徐々に前の打ち方を脱するようになってきて、イチローのように1塁側に少し寄った打ち方になっている。とにかくひたすら打席に立たせて、カーブが来たら左翼側に流し打ちできればいいと思っている」

まっすぐで速い球なら、投手の利き腕に関わらず大谷は得意としている。タンパベイ・レイズの左投げ投手ホセ・アルヴァラードが153㎞のファストボールを投げてきたとき、センターに打ってシングルヒットとしたことがある。

元メジャーリーガーであるヒンスキーは、より多くの投手と対戦して攻略法を見出せば、大谷が左投げ投手に対してもっと打てるようになると確信している。

「今後ますます上達していくのは間違いないね。翔平の伸びしろは限りないと思う」

多くのファンを魅了する目覚ましいプレーと独特な才能のせいで、大谷がまだ成長過程にある選手だということは忘れられがちだ。あどけない顔を見ると、メジャー選手のキャリアとしてはまだ少年期にいるのだとあらためて気づかされる。

「彼は新人で、このリーグでの選手生活を始めたばかりだし、相手は初めて対戦する選手ばかりなんだ。メジャーで打つということは、想像以上に大変だよ」ヒンスキーは言う。

それでも大谷は、これまでと同じように課題を克服していこうとしている。ベストを尽くすという、揺るぎない決意のもとに。

2018年8月4日

オハイオ州クリーヴランドにはフットボールチームのブラウンズがあり、ロックの殿堂があり、かつてはNBAスター選手のレブロン・ジェイムズもいた。ジェイムズがロサンゼルス・レイカーズに移籍して間もなく、大谷はオハイオ州に乗り込み、その実力を遺憾なく発揮することになる。

クリーヴランド・インディアンスに7―4で勝利した試合で、大谷は輝きを放っていた。キャリア最高の5打席4安打、2本塁打3打点を記録し、中でも8回に左投げのオリヴァー・ペレスから奪ったシングルヒットは大きかった。その打撃が接戦だった試合に大きく加勢し、エンゼルスの4連敗を止めることにつながったのだ。

「翔平はあれだけのことができる。あれが彼の才能だ」マイク・ソーシア監督はmlb.comにそう語った。

最後のヒットが左投げの投手から奪ったものだということも注目された。ただ、大谷自身はさほど意識していなかったようだ。

「左か右かということは、あまり考えないようにしています。でも、どちらに対しても、よくなってきているとは感じています」大谷はmlb.comにそう話した。「ボールがいい位置に飛んでくると、上手く飛ばせるようになってきました」

試合の序盤は特に調子がよく、1回でマイク・クレヴィンジャーから早速2ランホームランを奪った。10号となるホームランは、それまで打てなかった敵地で初となり、156km のファストボールをレフト側のスタンドに放り込んだ。

3回にクレヴィンジャーはまたしても打たれる。大谷は135mという大アーチを描き、これでエンゼルスは同点に追いついた。

「2回とも、ピッチングがよくなかった」クレヴィンジャーは試合後に語った。「でも打たれたのは、大谷の底力が半端じゃないからだ。甘い球だからじゃない。1本目は内角に投げたのにレフト側に打たれたから、正直驚いたよ」

アメリカン・リーグの上位チームであるインディアンスを相手に、大谷は投手陣を圧倒してみせた。インディアンス相手には4本ホームランを放っており、対戦相手の中でももっとも多い。2本目の135mという飛距離には、誰もが首を振るしかなかった。

「あれには一瞬言葉を失ったが、翔平の打撃力を考えれば納得だ」捕手出身で堅実な思考を持つソーシア監督でさえ、驚きをあらわにする。「2本目の飛距離もそうだが、1本目をレフト側に打ったのには感銘を受けたよ。あの方向へ球を打つのは容易なことじゃない。グリーン・モンスター（レッドソックス本拠地フェンウェイ・パークにある高い壁）に迫る高さのフェンスだが、距離はフェンウェイ・パークのように短くはなく、通常のスタジアムだ。あのフェンスを越えるには相当強く打たねばならないが、彼は右打ちの打者が引っぱったかのように球を運んでみせた」

2018年8月7日

エンゼルスはトレードの期限が来るとタオルを投げ、捕手マーティン・マルドナードと2塁手イアン・キンズラーを放出することとなった。ただ、大谷にとってタオルが意味するものは敗北ではなく、復調の兆しだと言えるだろう。

この日はエンゼルスの二刀流選手にとって、二つの前向きな出来事があった。まず、肘の怪我のリハビリを進めるため、試合前にブルペンでタオルを振る大谷の姿が見られた。そのあと、シーズン12号となるホームランを放つこともできた。

最後に登板した6月6日から、大谷は平地での投球の距離を36ｍまで伸ばしていた。次の課題はマウンドでタオルを使ったシャドーピッチングを行い、その傾斜に体を慣れさせることだった。

それが上手くいけば、8月11日にはブルペン・セッションを行う予定だった。ソーシア監督によれば、〝全力投球〟ではなく〝様子見程度〟のセッションになるとのことだ。

「マウンドで投げる最初の段階なので、力加減も回数も、慎重に様子を見ていく」ソーシア監督はmlb.comにそう話した。

この調子でいけば、大谷の復帰も近い。シーズン最後の月にマウンドに立てれば、これまで幾度となく驚きのプレーを見せてくれたように、9月に最高の締めくくりができるかもしれない。

「投げられる日をずっと待っていました」大谷はmlb.comに語った。「怪我をしてからずっと、待ち望んできました。すごく嬉しいし、楽しみです。いい結果を出して、今後につなげていきたいです」

この試合でも大谷の活躍は際立っていた。1回にデトロイト・タイガースの右投げジェイコブ・ターナーから3ランホームランを放って序盤の点差を逆転し、エンゼルスは11―5の勝利で試合を終えることができた。

125mのアーチは、その飛距離だけでなくレフト側という方向も印象的なものだった。大谷のホームランは通常なら、ほとんどがセンターかライト寄りのセンターに飛ぶ。しかしこの日の打球はレフト側に放たれ、大谷は敵地から戻ってきた仲間たちに感謝をあらわすようにホームランを贈ることになった。

ミサイルを放った大谷はその後、エンゼルスのブルペンに向かい、146kmのファストボールを易々と投げ、注目を集めていた。

それと同時に、大谷はバットの扱いにも長けている。

「簡単に打っているように見えるかもしれないですけど、自分としては強く振っている。ただ、それが軽く振っているように見えて、遠くに飛ぶならいい兆候ですね。タイミングが合っていて、よくボールが見えている証です」

ソーシア監督によれば、大谷がボールをバットにコンタクトさせるときのポジションを見ると、実に易々と打っているように感じさせるらしい。

「テコの原理を上手く使っている。あのスイングはテコの原理そのものだ。腕を伸ばして強く当てたときは、力強い打球になる」

エンゼルスはアメリカン・リーグ西地区ではさほど振るわなかったが、大谷は中地区の投手に対してはめっぽう強かった。12号のホームランのうち、8本が中地区の投手から奪ったものだったのだ。

中地区の投手に強さを見せた一方で、リハビリがさらに進んでいけば、メジャーで二刀流選手として活躍するという夢にまた近づける。

「ピッチングかバッティングのどちらかに絞れば、最大限の力が出せるのにとよく言われるんですけど、やってみないとわからないと思います」2017年の前半に、大谷は共同通信社に向かってそう話した。「両立が不可能とは、まだ決まっていないですから」

2018年8月11日

背番号17番の選手にとって、23という数字が大きな意味を持っていた。

その数こそ、大谷がブルペン・セッションでソフト・ピッチングをした数であり、6月6日以降、マウンドでそれだけの数を投げたのは初めてだった。その翌日、肘の靭帯の回復度合いを検査してみたが、2018年中のマウンド復帰はまだ見通しが立たない状態だった。

そうだとしても、大谷は屈しない。

試合の何時間も前、スタジアムのゲートが開く前から、大谷はブルペンで様々な種類の投球を試していた。目をみはるほどの球でないのは、あくまでも試しに投げているからだろう。

ただ、キャッチボールからここまで進歩したことを思うと、その重要性は明らかだ。

「今日は大きな一歩だったと思います」大谷はmlb.comに対して言った。「すべてが好調でしたし、このまま次の段階に進んでいって、復帰を目指したいです」

エンゼルスの医師団の報告によれば、大谷の貴重な右肘は、PRP注射と幹細胞注射を受けたのち、トミー・ジョン手術を回避できそうだということだった。もし手術を受けたり、これ以上肘が悪化したりすれば、2019年の登板は実現しなくなる。

最悪のシナリオを避けたいというエンゼルスの思惑は、今のところ上手くいっている。熱心な大谷は、チームが用意したプログラムを着実にこなして前進し続けている。

「本当に彼はよくやっている」ソーシア監督は言った。「肘が順調に回復していて、本人も安心していると思う。あと数週間で少しずつ進めていけば、どれくらいで復帰できるか、もう少しはっきりするだろう」

ブルペン・セッションのあと、大谷はどこへ向かったのだろう？　おそらくバットを探しに行き、オークランド・アスレチックスとの試合で指名打者として出場するためにバッティング練習をするのだろう。

それでも、多くの人々は大谷の打撃よりも投球に注目している。そしてソーシア監督は、大谷の復帰について焦りすぎないようにと周囲を牽制するのだった。

「無理強いすることは誰にもできない」ソーシア監督は言った。「周りを安心させるためだけに、リスクを冒すなんてもっての他だ。怪我は時間が経てば治るものなんだ。今シーズンでデビューしたばかりなら、投手にとってはなおさらコンディションが重要になってくる。調子を整えて冬場に力をつければ、スプリング・トレーニングのころに準備を整えることができるだろう」

大谷の肘の故障以来、エンゼルスは医学的に問題がなければ今シーズンに復帰できると言い続けている。

しかし、回復途上の肘にリスクを負わせて、シーズン最後の月に復帰させることに意味はあるのだろうか。

もちろん大谷は投げたがっているだろうが、復帰させることが将来的に正しい道なのかどうかは不透明だ。たとえ大谷が、マウンドに立つことを心底喜ぶ人間だとしても。「よく笑顔を見せていたし、ボールが手から素早く離れていくのはよかったね」大谷のブルペン・セッションを観たあと、フォックス・スポーツ・ウェストでエンゼルスの実況をしているマーク・グビザはそう話した。「復帰を目指すのが正しいかどうかは、まだ様子を見ないとわからないが」

そこがなんとも難しいところで、大谷が実戦で投球してみないことには、エンゼルスはオフシーズンの戦略を立てにくくなる。先発投手の故障が相次いでいる中で、シーズン後半に大谷が登板できるようになれば、安心材料になるのは間違いない。

「怪我というものは簡単じゃない」フォックス・スポーツ・ウェストの所属で、元エンゼルスのスラッガーだったティム・サーモンは言った。「症状がどの程度かは、自分でも把握し切れないんだ。おそらくエンゼルスは、オフシーズンに入るにあたり、大谷が来シーズン登板できるかどうか知る必要があるんだろう。オフシーズンに、クラブは一人一人の投手について計画を立てる必要がある。だから冬を迎える際に、選手のコンディションがいいのか悪いのかという議論をしたいんだ。この怪我は、一時的にチャンスを奪うものかもしれない。だけど、今はむしろチャンスを奪っておいたほうが、スプリング・トレーニングで復帰してローテーションに入り、レギュラー・シーズン開幕時にまた故障されるよりいいかもしれない」

一方で、グビザとサーモンの同僚であるホセ・モタは、大谷の投手復帰を止めるべきだと考えている。

「個人的には、今シーズンはもう投げないでほしいと思う。だが、リハビリのすべての段階を順調に終え、準備が整っているのであれば、マウンドに立たせてどれだけの力を発揮できるか見てみればいい。しかしエンゼルスの成績と今後のことを考えれば、今は無理をすべきではないだろう」

2018年8月14日

過去15年間で、ペトコ・パークの周辺は驚くべき変化を遂げた。サンディエゴ・パドレスの本拠地スタジアムが建設されてからというもの、寂れていた一帯は急速に都市化していったのだ。

大谷も、真夏の午後にビジター用ブルペンに向かう際に街歩きを楽しめたことだろう。街と同じように、大谷も新たな自己を発展させようとしていた。

6月7日に故障者リスト入りして以来、この日は2度目のブルペン・セッションだった。貴重な右肘の靭帯をふたたび試すときであり、アメリカでもっとも住みたい街と言われる場所で、日本のもっとも才能豊かな投手が投げるとなれば、見逃すことはできない。

この日の投球は、マイク・ソーシア監督の言う〝全力投球〟には程遠いとはいえ、エンゼル・スタジアムで行っていた軽い投球よりも一段進歩していた。

大谷は7割程度の力で33球をクリーンに投げ、その様子を見れば、投手としての復帰もそう遠くないと思えた。ほとんどがファストボールだったが、カーブは3球、スライダーも3球混ぜられていて、通訳の水原一平がその様子をビデオ撮影していた。

得意のスプリットを投げなかったという事実は、二通りに解釈できる。

大谷によれば、スプリットは他の球ほど練習を必要としないらしい。力よりも感覚で投げるものだから、ということだ。しかし、実際は腕に負担をかけないようにスプリットを避けているのではという見方もあった。

「期待した通りに、順調にいっています」大谷はmlb.comにそう語った。「一歩前進できたので、いい兆候だと思います。マウンドでの感覚をつかみたかったんです。明日、また調子を見てみたいと思います」

今日はどんな調子だったのだろうか。

「大きな課題を乗り越えることができました。前に進めているので、できれば今シーズン中に登板したいとは思っています」

サンディエゴで、大谷はパドレスの牧田和久と顔を合わせた。日本プロ野球界出身の投手だ。試合前に二人が談笑する姿が見られた。

「かなり久しぶりに会ったので、最近どうしているかと訊いたんです」大谷は言った。

大谷と同様、牧田も忙しくしている。牧田がメジャー40人枠に残るために奮闘する一方で、大谷は1世紀前にベーブ・ルースが成し遂げた偉業を再現しようと努力を続けているのだ。

2018年8月20日

大谷の投球プログラムは大事な局面を迎えていた。6月6日に右肘の靭帯損傷でマウンドを下りてから初めて、マイナーリーグの打者が打席に入っての投球を行うことになったのだ。

大谷が立ったマウンドはアリゾナ州のスプリング・トレーニング用施設のもので、その翌日にエンゼルスが対戦する予定の、ダイヤモンドバックスの本拠地チェース・フィールドではなかった。しかし、そんなことは重要ではない。球団は大谷が復帰に向かって順調に進んでいることに活気づき、翌月にシーズン閉幕を迎える前に、マウンドに戻れるのではないかと希望を抱いていた。

2018年8月21日

マイク・ソーシア監督はいつものように、大谷のリハビリに関して急き立てるような発言をしないよう、メディアを諭していた。その前日、大谷は練習試合で2イニングを初めて投げたのだ。

大谷本人だけではなく、周囲も焦りは禁物なのだとソーシア監督は言う。

ソーシア監督は、まず全種類の投球が確実にできなければならないと話した。ファストボール、スプリット、シンカー、カーブ。どれも100％の力で、一定以上の量を投げても肘が耐えられるかどうかを見なければならない。

「それができない限り、いつ登板できるのか、まだリハビリがいるのかという議論は意味がない」フォックス・スポーツ・ウェストに対して監督は語った。「こういったプロセスには時間がかかり、彼がどの段階にいるのか判断するのはまだ早いんだ」

ダイヤモンドバックスとの2連続の試合が始まる前、大谷は29球を投球したことについて語った。

「一刻も早く戻って投げたいというのが本音です」大谷はオレンジ・カウンティ・レジスター紙にそう話した。「もちろん無理なのはわかっています。慎重にいかないと。でも、今のところ順調です。この調子でいければ、復帰も近いかもしれません」

ソーシア監督によれば、大谷には翌週にも練習試合が予定されており、45球までの制限で投球するという。

2018年8月22日

テンピ・ディアブロスタジアムでの大谷の投球とその後の練習が終わったあと、ソーシア監督の前向きな発言を拾いにいった記者がいたようだ。

「今日の翔平の練習は素晴らしかった」監督はmlb.comにそう話した。「本人も調子がよさそうだったし、練習後の検査結果もよかった。いい方向に進んでいるのは間違いない」

小さな一歩を進めた大谷だったが、監督にとっては大きな前進だったようだ。慎重な物言いを心がけているソーシア監督でさえ、大谷が今シーズン中に復帰できると思わせるような発言をせずにはいられなかったのだ。

二刀流選手としての歴史的なシーズンを歩み続けようと、大谷は奮闘している。6月6日以降試合での登板ができずにいたが、シーズン終了前の復帰に少しずつ近づいているのは確かなようだ。

1シーズンは翌シーズンにつながるものだとソーシア監督は言う。だからこそ、ここで回復度合いを示しておくことが大谷にとっては重要なのだ。

はたして大谷は、試合で登板できるのか。

「絶対に急かさないでほしい」ソーシア監督は言う。「彼をリスクにさらすことだけは避けてほしい。だが、シーズン終了前に、どの段階にあるか前向きな発表ができることは確かだろう。選手をやっていて怖いのは、私にも経験があるが、シーズンの終わりに怪我をすることなんだ。そうなると、シーズン中に復帰を試みることができない。自分がどの段階にあるかを知ることができないまま、スプリング・トレーニングまで待たなければならない」

エンゼルスファンはそこまで待てない。大谷が姿をあらわし、193cmの引き締まった体が弾丸さながらの球を放つのを待ち望んでいる。

大谷が今の調子で復帰へ向けて調子を上げていければ、ファンの望みも叶えられそうに思えた。順調であれば、エンゼルスは大谷にマイナーリーグでのリハビリを行わせなくてもすむだろう。それを行う場合は10日間の故障者リスト入りとなり、大谷は打席にも立てなくなってしまうので、チームにとっても痛手になる。

「メジャーの試合で登板するまでに、100球投げられるまで待つ必要はないと思っている」ソーシア監督は言った。「組織的にやっていくつもりだ。スケジュールを組んで、それを達成するというやり方ではない。準備が整ったときがベストなタイミングだ」

エンゼルスは大谷に関して、早く準備を整えさせるという方針は取らない。だが、もし整っているのなら、肘が回復したことを5カ月間のオフシーズンに入る前に証明してみせてもいいのではないだろうか。

「投手が試合で投げ、調子がいいとわかって安心すれば、オフシーズンでのトレーニングの方向性がより定まることだろう」ソーシア監督は言った。「翔平がどの段階にあるかについて、ポジティブな要素が見つかるに違いない」

2018年8月24日

1日のオフをはさんで大谷は本拠地に戻り、旧友の所属するヒューストン・アストロズをスタジアムに迎え、ワールド・チャンピオンとの3連戦に臨むことになる。ビジター側の捕手は、元エンゼルスのマーティン・マルドナードだ。

初めてバッテリーを組んだ元チームメイトが、先月アストロズに移籍して以来、戻ってくることとなった。試合前にバッティング・ケージの後ろで二人が顔を合わせると、マルドナードは引き締まった大谷の体に軽いパンチを喰らわせた。

「よくやっていたのさ」マルドナードは笑顔で言う。

スプリング・トレーニングでマルドナードに与えられた課題は大きかった。一度も会ったことのない投手である大谷の球に慣れ、優れた4種の投球を持つ日本人に対応することを学ばねばならなかったのだ。

新たな投手との言葉の壁も越えねばならなかったマルドナードは、日本での大谷の投球を200時間以上研究したとも言われている。

「何も知らなかったからね」マルドナードは言う。「どんな投手なのか、見極めるのは容易じゃなかった。たくさん映像を観たあと、春にはブルペン・セッションをかなりやって、さらに彼のバッティング練習でも捕手をやった」

その春に大谷は苦戦し、メジャーで二刀流が通用するのかという疑問を多くの者に抱かせたのだった。

ただ、ひとたびシーズンが開幕すれば大谷の健闘を祈る者もおり、マルドナードもその一人だったが、実際に大谷が上手くやっていけるという確信があるわけではなかった。

「それはそうだけど、彼は日本でも人気があって、実績も残していたからね。今後が楽しみだった。ただ、疑問の声も上がっていたのは確かだ。それでも彼はやってくれたね」

試合開始の2時間ほど前からいつも、大谷とマルドナードは練習したり話し合ったりする時間を過ごしていた。どの言語で話していたのか、どれだけ通じていたのかはわからない。

「彼はスペイン語もわかるんだ」マルドナードが言う。「簡単な言葉や、悪い言葉も知っているのさ」

マルドナードの日本語はどうなのだろう。

「単語をちょっと知っているだけだ。だから(水原)一平がいてくれるんだ。彼の仕事ぶりは素晴らしいね。いつも近くにいてくれるから、とてもやりやすいよ」

大谷が成し遂げようとしていることに人々が懐疑的な目を向けても、マルドナードは大谷の挑戦をいつも支え、励ましてくれていた。

「彼の二刀流を試合で見るのはすごく楽しい」マルドナードは言う。「キャッチするのも、バッティングを見るのも楽しい。観客にはわからないことが見えるし、彼の聡明さは驚くべきものだ。そこがまた優れたところなんだ」

3連戦の初日はアストロズが9―3で制した。この週末は1980年代の映画をテーマとした演出が行われ、エンゼルスの選手たちの顔が映画スターの画像に貼られてスクリーンに登場した。

大谷が打席に立ったとき、スクリーンでは『トップガン』のトム・クルーズの写真に大谷の顔が貼りつけられていた。

〈プレーヤーズ・ウィークエンド〉でもあったこの週末、選手たちはニックネームのついたユニフォームを着てプレーする。大谷のユニフォームには〝SHOWTIME〟と書かれていた。

しかし8回で2アウトという窮地を脱したいところで、大谷は三振に倒れてしまった。それでもショーは続けなければならない。両チームの熱戦は翌日以降も続いていく。

2018年8月25日

アナハイムの暖かい夜気に包まれた土曜の夜、エンゼルスとアストロズのあいだの空気は緊迫していた。

エンゼルスはアストロズの右投げ投手ジャスティン・ヴァーランダーと対峙せねばならず、それは決して生易しいものではなかった。彼がエンゼル・スタジアムで無失点に抑えたイニングは26にものぼり、それだけ手ごわい投手の前で、大谷は打席に立たねばならなかった。

パワーのある投球で知られるヴァーランダーだが、大谷に対してはチェンジアップで隙をつこうとしたようだ。しかし、球は捕手マルドナードのミットに届くことはなかった。大谷は粘り強く腕を引いて待ち、ストライクゾーンに球が入るまで構えていた。

１４０kmで飛んできたボールがバットにコンタクトしたあと、大谷が振り抜くと、球はレフト・センター方向へ飛んでいき、フェンスを越え、２ランホームランとなった。

「ビッグ・フライ、大谷サン！」エンゼルスの専属キャスター、ヴィクター・ロジャスが定番の台詞をマイクに向かって叫ぶ。

大谷の14号ホームランは、第１打席をツーベースヒットで終えたあと、第２打席の初球でいきなり飛び出した。ヴァーランダーも策を練っての投球だったのだろうが、逆に大谷がファンを沸かせる結果となった。

「チェンジアップをより多く入れるようにしてきたんだ」ヴァーランダーはmlb.comにそう話した。「そして（大谷に）投げてみたんだが、しっかり読まれていた。手からボールが離れた瞬間からよく見ていて、合わせてきた。ものすごい選手だね」

大谷の描いたアーチは思わぬ効果を生んだ。毎晩ディズニーランドで打ち上げられる花火に、スタジアムの花火が重なることになったのだ。

大谷の最終打席では、エンゼル・スタジアムが騒然となった。リリーフ投手のロベルト・オスナはサインを確認し、大谷を見据えた。しかし、152kmの球はマルドナードのミットではなく、大谷の腰付近を直撃した。

この死球は、7回にアストロズのMVPプレーヤーであるホセ・アルトゥーベが受けた死球への報復と審判は判断した。両チームのベンチに警告が出され、また死球が出れば厳しい判断が下されるものと思われた。

それでもやはり、9回にエンゼルスのデック・マグワイアがユリ・グリエルに死球を与えてしまった。マグワイアとマイク・ソーシア監督は退場を命じられる。

マグワイアは軌道をそれたファストボールにメッセージを込めたのだろう。大谷に手を出すな。貴重な新人を守るためなら、仲間はどんなことでもすると。

「わざとだとは思いません」大谷は試合後に語った。「こっちも当ててしまったけど、あれはわざとじゃないと思います。デッドボールはよくあることなので。考えすぎないようにしています」

大谷の14号ホームランは、2016年に日本ハムでMVPを獲得したシーズンを思わせるものだった。この時点での本塁打率は、日本ハム時代でベストの成績を残したシーズンの記録に迫る勢いだったのだ。

2018年8月26日

この日、アストロズとの最終戦にエンゼルスは敗れ、大谷翔平もロベルト・オスナとの再対決に敗れてしまう。

大谷の腰にボールを当ててから24時間も経たないうちに、オスナは大谷が唯一立った打席で三振を奪い、9回裏最後のアウトを取った。

この日は大谷の顔が『ブレックファスト・クラブ』の登場人物に貼りつけられ、スクリーンに登場した。そしてチームメイトのデイヴィッド・フレッチャーが打席に立つ際、流れた曲はヒューイ・ルイス&ザ・ニュースの『The Power of Love』だった。

この曲は、大谷が日本で18歳の新人選手だったときに初めて使った曲だ。それを今、大谷は地球の反対側で、異なるリーグで耳にしているのだ。

2018年8月27日

エンゼルスの低空飛行は、どこまでも続いていくかのように思われた。試合をリードできずに連続51イニングがすぎていき、そんな折に大谷はコロラド・ロッキーズの投手ジョン・グレイと対戦した。エンゼルスはすでに3回まで無得点に抑えられ、4回を迎えていた。

ブロンドの長髪が印象的なグレイは、大谷に向かってファストボールを投げてきた。その球を打ち返したとき、それは大谷のシーズン15本目のホームランとなり、126mのアーチはエンゼルスを逆転でリードさせることとなった。その驚くべき1打で、大谷はメジャーリーグ史上1シーズンに15本塁打と4勝を上げた3人目の選手となった。

それと同様に注目すべきなのは、そのホームランが50球の投球を含む長いシミュレーション練習のあとに打たれたということだった。

「個人的には、もうシミュレーション練習は必要ないような気がしますけど、そこは自分の判断ではないので」大谷はmlb.comにそう話した。「コーチやトレーナーの判断になると思うので、まずは訊いてみてからですね」

様々な要素を併せて考えてみても、右肘の内側側副靭帯の損傷は回復しているのではないかと思われた。

「いつも、今シーズン中に登板できる自信はありました」大谷は言う。「着実に調子は戻ってきているので、前よりも自信はあります」

大谷は3イニング投げ、それぞれの合間に休憩をはさむという、実践に近い形式の練習もこなしていた。

「この練習ではかなりいい調子を見せていた」マイク・ソーシア監督は言う。「球速も上がっている。これは前進だ。あと数日後に検査結果を見て、次のステップを考えたい」

2018年8月30日

待ち続けることがつらいものであったとしたなら、ついに終わりが来た。投手・大谷翔平の復帰が全面的に許可され、二刀流選手としての探求の道をふたたび歩むことが可能となったのだ。

ソーシア監督は、大谷がグレード2の靭帯損傷と診断された6月6日以降、初の登板は日曜日の対アストロズ戦であると発表した。

エンゼルスは復帰に関して慎重すぎると大谷は感じていたようで、日本では故障を抱えたまま投球したこともあったという。しかしチームは彼を急かしたくなかったし、大谷もチームの一員であることを自覚し、強く抗議することはなかった。

「ずっと、1日も早くマウンドに戻りたいと思っていました」大谷はオレンジ・カウンティ・レジスター紙にそう語った。「特に、先発投手の故障が相次いでいたので、復帰したいという気持ちは強かったです。できればシーズンをいい形で締めくくりたいですね。残り1カ月、もう怪我などはしないようにしたいです」

肘を故障する前、大谷はすでに4勝1敗、防御率3・10、奪三振率は9イニングで11・1という数字を出していた。

ソーシア監督はいつものように、焦りは禁物だと周囲に念を押す。

「翔平が本領を発揮し始めたからといって、過剰な期待は禁物だろう。日曜の試合では特に」ソーシア監督は言った。過去5回の登板で、大谷は防御率2・17を記録していることを受けての発言だ。「その水準に達することを願ってはいるがね」

第14章

9月 二刀流を封じたデビューシーズンの閉幕

彼がどれだけ真剣に野球と向き合っているか、周りには決してわからないだろう――アンドレルトン・シモンズ

2018年9月2日

6月6日に右肘の内側側副靭帯がグレード2の損傷であると診断されて以来、大谷翔平は初めて先発投手としてマウンドに向かっていた。

ブルペンでのウォームアップが終わり、ダグアウトへ戻る途中、大谷はふと足を止めた。軽やかな足取りを止まらせるほど、深刻な何かがあったのだろうか。とにかく、彼にとってそれは重要なことだった。

大谷の足を止めたのは、ミニッツメイド・パークの芝の上に落ちていたガムの包み紙だった。彼はわざわざ立ち止まり、そのゴミを拾ってポケットに入れた。

その行動を見ただけでも、二刀流スター選手の人となりと、彼が愛される理由を知ることができる。他の選手がウォームアップや試合の準備だけに没頭しているというのに、大谷には試合よりも大切なものがあるのだ。

野球選手として向上していくことはもちろん大事なのだが、彼は幼少期に教えられた大切なことを決して忘れず、よい人間であろうと常に心がけている。親しみやすく、常に他者への思いやりを持っている。大谷は、自分がガムの包み紙を拾うことによって、他の誰かが面倒な思いをせずにすむと考える。

ヒューストンでも、それ以外の場所でも、野球のプレー以外に労力を使うことは大谷にとってまったく苦ではないのだ。

大谷が対アストロズ戦でマウンドに立ったとき、観客の熱狂ぶりはワールドシリーズ級だった。スタジアムが満員であるだけでなく、この〝翔平と過ごす日曜〟は全米でテレビ放送され、さらには日本を含めた世界にも生中継されていた。

そして試合後の記者会見も、世界各国の記者たちでごった返していた。

「思っていたよりも緊張しました」6月6日から登板できずにいた大谷はそう話した。

「それが影響したのかもしれません。つい力が入りすぎてしまいました」

大谷が実に90日近く立っていなかった投手板に足を置くと、観客の歓声はますます高まった。投手・大谷は、ＰＲＰ注射と幹細胞注射の治療でトミー・ジョン手術を回避できたことを、証明したくてたまらなかったのだろう。

「投げられるのなら、登板したいです。それはずっと変わりません。今シーズン投げられるなら、やるべきことはそれだと思います」

シーズン最後の月に、投手として超えるべきハードルを超えられるなら、エンゼルスは大谷を２０１９年の先発ローテーションに安心して組み込むことができる。

もしも肘が耐えられなければ、来シーズンを棒に振ることになるトミー・ジョン手術も視野に入れなければならない。

対アストロズ戦では50球近くを投げた大谷だが、高速のファストボールや強烈なスプリットの負荷に、右肘が持ちこたえることを願っていたに違いない。

2イニングを無失点で終え、周囲が抱く疑念は払拭されつつあった。ファストボールの球速は154～156㎞にも達していた。

「そんなに力を入れるつもりはなかったんですけど、人が入っていて、メジャーの舞台で投げるっていうところで、勝手に出力が上がってしまったとは思います」と大谷は話した。

「練習と比べて、かなり力が入っていましたし、全力に近かったと思います」

エンゼルスのマイク・ソーシア監督は大谷の投球に充分満足しており、この試合の敗戦も、大谷の成績が4勝2敗に落ちたこともさほど気にしていないようだった。

「最初の2イニングは素晴らしかった。期待通りだ」ソーシア監督はそう言った。

1回では走者を抱えながらも、5番のタイラー・ホワイトに159・8㎞のファストボールを投げ、スライダー2球で三振に打ち取り、危機を脱した。

2回でも大谷の投球は冴え渡り、前年王者のアストロズを三者凡退に抑えた。しかしこの回、マーウィン・ゴンザレスの打球を大谷はつい右手でキャッチしようとして手に当ててしまう。

現役時代よりも恰幅がよくなったソーシア監督は、大砲のように勢いよくダグアウトから飛び出し、大谷の様子を見に行った。

「あんなに素早く動くマイクを見たのは、1988年のワールドシリーズ以来だ」ESPN局の番組で実況をしていたアレックス・ロドリゲスはジョークを込めてそう言った。

自分の身を思えば、大谷はあの球に手を出すべきではなかったかもしれない。

「取れるような気がして、手を出してしまいました」大谷は言う。「やらないほうがよかったんでしょうけど、一つでもアウトを取ろうという気持ちがあったので」

そして3回に入り、大谷の球速は目に見えてダウンした。スピードガンが測る球の速度は、最初の2回よりも8km は落ちていた。

そして甘いスライダーをジョージ・スプリンガーに2ランホームランとされ、2と1／3イニング、49球を投げて大谷はマウンドを下りた。

スプリンガーはそれまで大谷の球に苦戦していたにも関わらず、この結果を出した。

「明らかに球速が落ちていたと思う。最初は157～8kmだったのに、いきなり遅くなったんだ。故障でないことを願うよ」スプリンガーは言った。

投手交代となり、大谷はゆっくりとダグアウトへ戻っていった。新人選手の大谷にとって、今シーズン思うようにいかない試合はわずかだったが、これはその数少ない1試合となってしまった。

「3回は明らかに、調子が落ちていた。医療スタッフとも話したんだが、背中にやや硬さがあった。ボールが薬指に当たったあと、その痛みも出ていたようだ。球速がダウンしていたが、それは肘とはまったく関係ない」

大谷のファンは胸を撫で下ろしたが、同時に6月6日のカンザスシティ・ロイヤルズ戦を思い出していた。あのとき途中で降板した理由は、4月17日のボストン・レッドソックス戦でできたマメが再発したせいだということだった。

しかしロイヤルズ戦での登板後、大谷が肘の張りを訴え、MRI検査によってグレード2の靭帯損傷が明らかになったのだ。

試合後のコメントでは、大谷もどう言うべきか決めかねているようだった。

「明日になってみないと、肘の張りなどもわかりません。様子を見てみます」

大谷は指に当たったゴロについても言及した。エンゼルスのファンや関係者は、球速が落ちた原因がそのアクシデントであることを願わずにはいられなかった。

「指に当たったときは、特に痛みとかはなかったので、投げ続けました。でも、3回に入ったところで違和感が出てきたので。球速が落ちたのはそのせいかなと思っています」

ファストボールが上手くいかなくなり、大谷は他の球でなんとかしようとしたのかもしれない。いずれにせよ、努力は実らなかった。

「球速が落ちてしまうと難しいですが、いけるところまでしっかり仕事をするのが先発投手だと思っています。球数を（50球以内に）抑えたかったんですが、2ランを浴びてしまいました。そこが反省点です」

いずれにせよ、この先発登板で大谷は新たな記録を刻んだ。メジャーリーグ史上、同じシーズンに50イニングの登板と15本塁打を達成した選手として、ベーブ・ルースに次いで二人目となったのだ。

2018年9月4日

大谷翔平のマウンドへの復帰は順調とはいかなかったものの、本人は少しも動じていなかった。

「実戦で投げた翌日なので、多少の痛みはありますけど、よくあることなので」大谷はオレンジ・カウンティ・レジスター紙にそう語った。「まずは落ち着いて、次の登板に備えようと思います」

次というのは、翌週の日曜日にシカゴで行われるホワイトソックス戦のことだ。

しかし、そこへたどり着くまでには警告灯が点滅し、無視することはとてもできそうにない。最初の2回では、ファストボールの球速は153～159kmだったのに、3回に入ると急に146～148kmにダウンした。6月6日にも似たような球速の落ち方をしたあと、肘の故障が発覚したのだ。

「普通に考えれば止めるべきだろう。特に、前回の経緯があったあとでは。それでも翔平は調子がいいと言う。肘のことはまったく心配していないようだった」ソーシア監督は言った。

大谷は、登板した翌日は打たないという法則を守り、1日のオフをはさんでこの日、再び打席に戻ってきた。この日はテキサス・レンジャーズの左投げマイク・マイナーとの対戦だった。大谷にとっては容易にはいかない相手だ。第2打席まで三振に打ち取られたあと、6回で大谷が第3打席を迎えた時点で、エンゼルスは1―4とリードを許していた。マイナーは大谷にスライダーで挑んでいったが、甘すぎたようだ。大谷は球をしっかりととらえ、ライト・センター側のスタンドに向かって豪快な16号ホームランを放った。それ以上に重要なのは、これが左投げの投手から打った初の長打であったことだ。

この1打で、大谷は日本人メジャーリーガーの新人としては歴代2位タイの本塁打数を記録した。それは大谷も憧れた松井秀喜が、2003年にニューヨーク・ヤンキース時代に達成した数字だ。1位を誇る城島健司の記録18本は、2006年にシアトル・マリナーズ在籍中に達成したものだが、大谷はそれにあと少しで迫る勢いだった。

2018年9月5日

エンゼルスのチーム名がレターヘッドに入った文書が公開された。その一文一文を読むにつれ、誰もが衝撃を受けずにいられなかった。エンゼルスも、大谷翔平自身も、もっとも恐れていた結果がMRIの検査によって明らかになり、そのニュースがメディアに広がっていった。

エンゼルスの医師団は、損傷した内側側副靭帯の再建のため、大谷にトミー・ジョン手術をすすめる方針を固めたというのだ。

突然、二刀流のスーパースターになるという大谷の夢は打ち砕かれてしまった。少なくとも1シーズンのあいだは。手術には長期のリハビリが必要となり、大谷は2019年に登板することができなくなってしまう。

この事実を受け、大谷は一人で悲しみに暮れているのだろうか。いや、それはない。投げられないなら、投げられないでいい。バットを振ることはできるのだから、彼は打席でベストを尽くすまでだ。

この日も背番号17番の選手は、3番打者としてラインナップに加わっていた。

「タフな男だよ。フィジカルだけでなく、メンタルもね」ソーシア監督はmlb.comにそう話した。「試合をよく理解しているし、自分の課題もよく理解している。自分の才能をよくわかっていて、今夜は打者に専念するつもりなんだ」

大谷はあくまでも前向きに、投手復帰の道が険しいことを受け流し、この試合でデビュー後2度目の4安打を記録してみせた。しかもそこにはホームラン2本が含まれ、大谷はまた新たな伝説を生み出した。

この試合は、エンゼルス専門のラジオ番組AM830でマーク・ラングストンが実況を行っていた。メジャーリーグの元投手であるラングストンは、大谷が自分だけでなく周りの士気も上げようと奮闘した結果、あれだけの記録を出したのだと考えていた。

「ネガティブなニュースは誰もが暗い気持ちになるから、大谷はそれを振り払いたかったんだと思う」ラングストンは言った。「どうせなら明るいニュースがいいと思って、それを呼び込むために打ったんだろう。肘に関するニュースが入ってきた直後に打ってみせるなんて、本当に信じられないよ」

大谷の大谷らしいところは、他人の重荷にならないよう気を配るところだ。だからいつも通り練習に出かけ、たとえ一時的でも練習量が半分になったとはいえ、やるべきことをやるのだ。

「今でも彼を二刀流選手として考えている」GMのビリー・エプラーは、電話越しのインタビューでそう話した。

ファンが大谷の運命を嘆く一方で、大谷は18号目のホームランを打って城島健司と肩を並べた。メジャー1年目で日本人最多本塁打タイを記録したのだ。

しかし輝かしいこの夜の活躍も、その日の午後に明らかになった事実を覆い隠すことはできなかった。大谷は2018年にもう登板することはない。それでも、打撃だけに専念する大谷の集中力は、とてつもなく鋭い。

「彼がどれだけ真剣に野球と向き合っているか、周りには決してわからないだろう」ショートのアンドレルトン・シモンズはmlb.comにそう話した。「球場に来て、練習する。帰宅してもトレーニングする。毎日のように、チームメイトが感心するほど練習に打ち込んでいる。この状況でも前向きな姿勢なのは素晴らしいね。打撃力はとんでもなく強いし」

2018年9月7日

不安を一蹴するかのように、大谷翔平はシカゴ・ホワイトソックス戦で強烈な1打を放ち、城島健司の記録を超えてみせた。

大谷はこの日3ランホームランを打ち、エンゼルスの5―2の勝利に大きく貢献した。直近の3試合で4本目のホームランとなり、すべてがヒューストン・アストロズ戦での肘の負傷のあとに打たれたものだった。

日本人の新人選手として最多記録となる19号ホームランは、2006年にシアトル・マリナーズで城島が打ち立てた記録をついに超えた。

「二刀流選手はいいね。一方を怪我でできなくなっても、もう一方が残っているから」マイク・トラウトはmlb.comに語った。「翔平が投手としての今シーズンに早々と見切りをつけたのには驚いたが、強さを発揮したいという思いは変わらないようだ。バッティング・ケージでも精一杯練習しているし、それ以外の練習にも真摯に取り組んでいる。とても見ごたえがあるし、本当に驚くべき選手だと思うよ」

当の本人は、やはり謙遜している。チームの一員として貢献できるよう努力するのは当然のことと考えていて、怪我したからといって簡単に離脱したりはしない。

「遠征先から戻ってくるとき、彼は大きな決断をしなければならなかった」ソーシア監督は言った。「それでも、プレーしたいという気持ちは強いようだ。試合に出て、出られることを喜び、しっかりとバットを振ることができる。とてもいいプレーができている」

今しなければならない決断は、どの道を選んで回復に向かうかということだ。あらゆる兆候がトミー・ジョン手術を示しているとはいえ、大谷自身はまだ受けることを決断していない。

「まだ何も決まっていません」大谷はオレンジ・カウンティ・レジスター紙にそう話した。「いくつか方法はあります。それぞれをよく検討しているところです。シーズンが終わるまでには決めたいと思います」

歴史的なデビュー1年目の後半は、右肘の状態によって不安定なものとなってしまったことは大谷も認めていた。

「心のどこかでは、トミー・ジョン手術を覚悟しなければならないと思っていました」大谷は言う。「それはずっと頭の片隅にありました」

ただ、それでも大谷の打撃力が優れているという事実は変わらない。医師団によれば、右投げで左打ちである大谷は、来シーズンは打者として出場できるとのことだった。

ニューヨーク・ヤンキースの内野手であるグレイバー・トーレスは、新人王争いにおいて大谷のライバルと目されているが、彼は右投げ右打ちの選手だった。トーレスはトミー・ジョン手術を受けて4カ月で打席に立てたので、同じ経過をたどれば、大谷もスプリング・トレーニングには打者として復帰できることになる。

「できるだけ前向きにとらえようと思っています」大谷らしい物言いだ。「来年は打席には立てるので、頑張りたいと思います」

大谷が左投げの投手からは打てないと言われていたことを覚えているだろうか。直近3試合で放った4本のホームランのうち、2本が左投げの投手から打ったものなのだ。

「最近は左投げの球もよくとらえられるようになり、強く打てるようになってきた」ソーシア監督はオレンジ・カウンティ・レジスター紙にそう話した。「その成果は見ての通りだ。前にも話したように、数を重ねて慣れていけば、左投げの球が読めるようになる。もう大丈夫だ。この1週間、右投げでも左投げでも、誰からでもしっかり打てている」

日本ではそこまで左投げが苦手ではなかったようで、メジャーで苦戦するとは本人も予想していなかったことだろう。

「打席に立てば立つほど慣れてきて、よく球が見えるようになってきました。やっぱり場数を踏むのが大事だと思います」

2018年9月10日

エンゼルスの二刀流スター選手は、2度目のアメリカン・リーグ週間MVPを獲得した。だが今回は、打者としてのみの受賞だった。

このような形での受賞は、大谷翔平にとって初めてのことだった。4月の受賞は投打の双方に対してのものだったが、今回エンゼルスに知らせが来たのは、大谷の打撃力に限っての受賞ということだった。

前日までの1週間における打撃力が評価されたということだ。大谷は打率・474、4本塁打10打点という驚くべき記録を残しており、それは確かに受賞に値するものだった。

肘の故障がふたたび発覚し、手術が必要かもしれないという事実が判明したあとの快挙は、一層印象深いものだった。

怪我で意気消沈するどころか、大谷はアメリカン・リーグのトップ打者に躍り出たのだ。「とても光栄に思っています」MLBネットワークで大谷はそう話した。「怪我で6週間離脱したあとに復帰できて、また賞をいただけたので」

これまでもそうだったが、大谷には人々を温かい気持ちにさせる力がある。多くの視聴者は、大谷のインタビュー映像を初めて観たものと思われるが、通訳の水原一平を介しても、大谷の礼儀正しさと他者を思いやる心は充分に伝わってきた。

メディアに追いまわされ、何十人もの日本人記者がつきまとうことについてコメントを求められると、大谷はこう答えた。

「日本のメディアがたくさんクラブハウスに来ていると、むしろチームメイトへの影響が心配ですね。気が散るんじゃないかと」

このような気遣いは、肘の故障がふたたび明らかになったときにも見られた。多くの球団関係者が大谷の負傷に肩を落とす中で、人々に笑顔を取り戻そうと、その週に大谷は素晴らしいプレーを見せてくれた。

「つらいのは自分だけじゃないですから。支えてくれる皆さんにも、つらい思いをさせてしまっているので」大谷は言う。「いいプレーをすることで、明るいニュースを届けられればと思っていました。だからよかったと思います」

大谷には、スプリング・トレーニングで不振だった際に支えてくれた人々への恩返しの気持ちがあったのかもしれない。あの時期、マイナーリーグの打者相手に苦戦し、メジャーリーグの投手から打つこともできなかった大谷が、2度目の週間MVPを獲得するとは誰が予想できただろうか。はるか昔のことに思えるが、春にアリゾナで球団全体が大谷のために尽力したことは、彼の心に深く刻まれていた。

「やっぱり、レベルはかなり高いと思いましたし、毎日打席に立つたびにそれは感じていました」大谷は〝太陽の谷〟と呼ばれる街に隣接したスタジアムで、暗中模索していた当時を振り返った。

「あのころは少し自信を失いかけていたかもしれません。そんなとき、GMのビリー・エプラーさんが励ましてくれました。能力はあるんだから、自信を持ってやればいいと言ってくれて。すごく励みになりました。コーチの方々や、チームメイトも皆、励ましの言葉をかけてくれました」

どれだけ天賦の才に恵まれている選手でも、温かい言葉で背中を押してもらいたいときがあるのだ。

「そうした言葉をかけてもらったから、乗り切ることができました」

そんな大谷が次に乗り切るべきは、テキサス・レンジャーズを本拠地に迎えての9回だった。始動のときがやってきた。

先週の目覚ましい活躍には及ばなかったものの、この日大谷は2安打1打点と1盗塁を記録した。しかし、ここまで4連勝していたエンゼルスは残念ながら5―2で敗北した。

2018年9月15日

〈トラウタニ〉あらわる！

この日、マイク・トラウトと大谷翔平が初めて連続でホームランを打った。それでもシアトル・マリナーズを倒すには充分でなく、エンゼルスは5―6で敗れることになる。

まずトラウトがアーチを描き、興奮したエンゼルスファンがようやくシートに腰を下ろすころ、5球後に大谷が長打を放った。

満面の笑みを浮かべたトラウトは、自慢の弟を持つ兄といった面持ちで、ダグアウトの前方で大谷を待ち構えていた。そして大谷のヘルメットを慣れた手つきで外し、スタンドに投げ入れるようなそぶりを見せる。実際は投げずにヘルメットをダグアウトに戻すと、そこでは背番号17の選手がハイタッチとハグの波に揉まれていた。

大谷にとって今シーズンの20号ホームランであり、日本人スター選手はまたしても記録を伸ばした。

ソロホームランを打った大谷は、エンゼルスでデビュー1年目に20本塁打を記録した8人目の選手となり、トラウトもその中の1人だった。さらに広い視点で見てみると、10登板と20本塁打という記録は、1919年のベーブ・ルース以来の快挙でもあった。

2018年9月24日

大谷翔平の細身な体つきを見ると、指名打者としての力をつい過小評価しそうになる。しかし、エンゼルスのユニフォームの下には強靭な肉体があり、そこに秘められた力は月曜日にオレンジ郡で披露された。

エンゼル・スタジアムから海岸までは37kmの距離があるが、サンタモニカのマッスル・ビーチ（筋肉自慢の男たちが集う砂浜）に来たかと思わせるほどの強烈な1打を大谷は放ち、テキサス・レンジャーズとの延長11回に及ぶ試合で5－4の勝利に貢献した。

「打った瞬間、入ると思いました」大谷はmlb.comにそう話した。

ここのところ22打席3安打と低迷していた打撃成績を吹き飛ばすような、豪快な131mのアーチだった。大谷ならこのスランプを抜け出せると誰もが信じていたが、エイドリアン・サンプソンの高めのシンカーがとらえられて181kmの速さで飛んでいくと、やはり誰もがこれはホームランだと確信した。打球速度はメジャーデビュー後、最速だった。

2018年9月26日

大谷翔平は前日に、右肘の内側側副靭帯を再建するためにトミー・ジョン手術を受けるよう9月5日に球団からすすめられたことに対し、自分の考えを明らかにした。

大谷はシーズン終了1週間後に手術を受けることを決め、執刀はアメリカを代表する名医、ニール・エラトロッシュ医師が行うこととなった。

投手としては2020年まで登板できなくなるが、指名打者としては早々の復帰を予定しているという。

「打席には立てるので、それが励みになると思う」マイク・ソーシア監督はAP通信社にそう語る。「彼はやはり二刀流として投打双方を極めたいと思っている。（2019年に）投げられないという現実に、少々落胆はしてはいるだろう。だが打てるとなれば、そちらに集中するはずだ」

その夜の試合も終盤に差しかかったとき、大谷にとって見慣れた顔がマウンド上にあった。テキサス・レンジャーズの投手クリス・マーティンは、今の大谷と同じように異国の地でプレーしていた時期があったのだ。

マーティンは、北海道日本ハムファイターズで大谷とチームメイトだった時期があった。2シーズンに渡って同じユニフォームを着て、2016年には共に日本シリーズで広島東洋カープを下し、日本一の座に輝いている。

試合は8回に入り、マーティンは、大谷を前にして慎重に投げようと決意していたことだろう。誰よりも大谷の打撃力をよく知っており、絶対に打たれまいと心に決めていたはずだ。

その日、大谷は左投げのヨハンダー・メンデスから1打点を上げており、マーティンはそれ以上の失点を防ぐために送り込まれた。大谷にとって、かつてチームメイトだったマーティンとの直接対決は、この日2―2のスコアで打席に入ったときが初めてだった。大谷がマーティンをじっくりと観察したあとに打席に向かうと、いつものように観客から歓声が上がった。

「対戦は初めてでした」大谷はmlb.comにそう話した。「でも、打席に入る前に投球は見られましたし、以前にも試合で見たことはありました。すごくいい球を投げてきますけど、今日は上手く当てられたと思います」

マーティンは少し間を取ったあと、右投げのファストボールを外角に送り込んで空振りを狙った。ところが大谷は球をとらえ、打球は大きなアーチを描き、左翼フェンスに当たるか越えるかというところでスタンドへ飛び込んでいった。

「最後の球はちょっと高めに来たので、当てることができました」大谷はそう話した。

大谷サンの〝ビッグ・フライ〟は通算22本目のホームランとなり、マーティンとともに日本一に輝いた2016年の記録にとうとう並んだ。

2016年は、大谷が日本プロ野球界において最高の打撃成績を残した年であった。メジャーデビュー1年目でその記録に到達したことを受け、多くの者がアメリカン・リーグの新人王候補に大谷の名が挙がるだろうと確信していた。

「こちらの野球はまったくの別物だと感じています」大谷は言った。「国も違いますけど、球場も、ボールも違います。メジャー1年目でいい成績を残すというのは、自分にとって大きな挑戦だったので、嬉しいです」

シーズン前半には、大谷がマーティンから牽制死を取られるという一幕もあった。しかし今回は大谷の完勝だ。とはいえ、マーティンの苦々しい思いも長くは続かなかった。大谷がいなければ、マーティンがメジャーに戻ることはなかったかもしれないのだから。

マーティンは、日本で大谷と同じチームにいて得をしたと語る。メジャーのスカウトらが大谷の目覚ましいプレーを熱心に視察していた際、自分にも目を向けてもらえたからだ。

「あれは本当に助かったよ」マーティンはフォックス・スポーツ・ウェストにそう語った。「翔平のプレーを見にきていたスカウトはたくさんいたからね。もし僕がいいピッチングをしたら、視察にきていた多くのメジャー球団から〝彼もなかなかいいね。日本にいるあいだ、よく見ておこう〟と思ってもらえる。だから僕にとっても貴重な機会だった」

マーティンは、異国の地で外国人として挑戦することの大変さをよく理解している。ただ、大谷はマーティンの投球を軽々とスタンドへと放り込んだのと同じように、メジャーの選手生活も難なくこなしているように見える。

「それほど苦労しているとは思えないね」マーティンは言った。「彼は野球だけに集中しているし、外国に来てもそれは同じだろう。　僕も経験したからわかる。　ただ野球に集中するだけさ」

スプリング・トレーニングでの大谷の苦戦をあげつらう者がいても、マーティンは動じなかった。大谷一人の活躍で幾多もの勝ち星を挙げてきたという過去を、マーティンは目の当たりにしてきたからだ。ある試合ではホームランを1本放ったあと、8回まで無失点で投球したこともあるという。

「彼は18歳からプロ野球でプレーしているからね。スプリング・トレーニングがどういうものかはよく知っているよ」マーティンは言った。「いわゆる〈学習曲線〉の序盤は、調整期間なんだ。相手がどういった球を投げてくるか、こちらが投げるならどう打ってくるかを確認していく。要するに手探りの時期だったんだ。ひとたび開幕すれば、ギアが一段階上がり、あの通りというわけさ」

二刀流という独特の選手である点にも、マーティンは触れた。

「めったに出てこない選手だと思う。メジャーにも両方ができる選手はいるが、最終的にはどちらかを選ぶように言われ、どちらかの技術を磨いていく。大谷をなんとしても獲得するために、日本ハムは〝投げるのも打つのもやらせよう〟と言ったんだ。エンゼルスも同様だ。〝なぜなら、君の技術はどちらも一流だから〟ってね」

そしてこの夜、大谷は勝者の側に立った。本領を発揮した大谷の姿は、マーティンのよく知るものだった。

2018年9月28日

エンゼルスの全員が、シーズン最後の週末をいい形で締めくくりたいと決意を固めていた。そしてオークランド・アスレチックスを8―5で下すと、エンゼルスは4連勝を記録し、その中心に大谷翔平がいた。

この日は大谷が4打席3安打2打点に1盗塁を記録し、さらにマイク・トラウトが39本目のホームランを打つなど、エンゼルスの勢いは止まらなかった。

大谷が新人王にふさわしくない理由を必死に探そうとする者がいるなら、マイク・ソーシア監督の言葉を聞くといい。

「私の頭の中では、もう彼は新人王に王手をかけている」mlb.comにソーシア監督は言った。「長年リーグを見てきたが、これだけの力がある選手が出てきたことはない。投手としては最後までやり切れなかったのに、打撃だけでもあの通りだ。誰の目にも、彼の才能は明らかだろう。今シーズンの翔平には脱帽の一言だ」

エンゼルスの選手としては、1987年のデヴォン・ホワイト、2012年のトラウトに続いて、大谷は20本塁打と10盗塁を記録した史上3人目の選手となった。

シーズン終了が間近になっても、大谷の勢いにブレーキがかかる気配はない。

「シーズンをいい形で終わるか、悪い形で終わるかというのは、すごく大事なことなんです」大谷は言った。「それがオフシーズンの過ごし方につながっていきますから」

2018年9月30日

エンゼルスの指導者は第二の人生に旅立とうとしていた。その事実を、大谷翔平は前向きにとらえようと心に決めていた。

マイク・ソーシア監督は、19シーズンに渡って指導してきたエンゼルスの最後の試合を見届けていた。しかし、残念ながら敗北とともにキャリアを終えることになりそうだった。大谷が流れを変えるまでは。

本拠地にアスレチックスを迎え、中盤にリードを許し、9回裏の段階でエンゼルスは4―2と苦境に立たされていた。

しかしこの回最初の打席に立った大谷がシングルヒットを放ち、次のマルテのツーベースヒットで生還して1点を追加する。そして続くテイラー・ワードの2ランホームランで逆転サヨナラ勝ちとなり、沈んでいたチームの雰囲気が一気にお祭り騒ぎとなった。シーズン締めくくりの試合は、ソーシア監督引退の花道を飾る1650勝目となり、これはメジャー歴代監督18位の記録となった。

二人の監督が大谷を称賛する理由

シーズン中のある日の午後、テキサス・レンジャーズの監督ジェフ・バニスターと、サンフランシスコ・ジャイアンツの監督ブルース・ボウチーが、大谷翔平に思いを馳せながらペトコ・パークを歩いていた。

いずれの球団も、オフシーズンにおける大谷の獲得合戦で最終候補の7球団に残り、期待の新人を射止めるべく奮闘した。しかし選ばれたのはエンゼルスであり、不運な結果に引きずられるように、両チームはシーズンの勝率を・500以下で終えることとなってしまった。

苦しみ続けたレンジャーズのシーズンも、ようやく終わりを迎えた。アメリカン・リーグ西地区を2015・2016年と2連覇してきた強豪チームが、今期は低迷し、今後の立て直しを迫られることになった。

バニスターは今でも、大谷が憧れていたダルビッシュ有の軌跡をたどっていたらと想像する。ダルビッシュもまた日本ハムでプロ野球選手としてのキャリアをスタートさせ、メジャーリーグではレンジャーズの選手としてデビューしたのだった。

しかし、大谷の気持ちは西海岸のチームに向けられた。そのことを思いながら、バニスターは顔をさすった。１９８６年にプロ入りして以来刻まれてきたシワに、日焼けした肌がよく似合う。

バニスターが感銘を受けたのは、レンジャーズとの面談の際に大谷が見せた真摯な姿勢だった。

「何よりもまず、彼は素晴らしいアスリートだ」シーズン終了前に成績不振で解任されることになるバニスターは言った。「彼の目をまっすぐ見据えて直接話しかけたとき、これまでに出会ったどの若手選手よりも強い印象を受けた」

レンジャーズは、大谷に関して徹底的なリサーチを行った。得られた情報はすべて、この二刀流スター選手が逸材であることを確信させるものばかりだった。

「リサーチはかなり細かいところまで行い、高校時代の監督や知人にまで話を訊いた」バニスターは言う。「この青年はとてつもなく聡明で、なおかつ新たな道を切り拓こうとしている。それができるほど鍛え上げられた人間なんだ。

第一線で活躍できる逸材なのは間違いないと思えたし、フィジカルだけでなく、メンタルもとても優れている」

4月にエンゼルスと対戦した際、バニスターはフィールドを歩いていって大谷と握手を交わした。それ以来、バニスターは大谷が新人選手として、１００年近く歩まれることのなかった道を行くのを見守っている。彼の打ち立てた記録のいくつかは、対レンジャーズ戦から生まれたものだ。ホームランは6本、なおかつ1試合に4安打という記録も含まれている。

「日本からやってきた彼がメジャーリーグに適応し、シーズンを通して実力を発揮しているのは驚くべきことだ」バニスターは言う。「スター選手なのは間違いない。スピードとパワーがあり、ピッチングにも優れている。見ごたえのある選手だ」

しかし、投手としての大谷の試合は9月2日のアストロズ戦以降、またしばらく見られなくなる。右肘に新たな損傷が見つかり、10月1日の月曜日に手術が行われることが決まったのだ。投手としての復帰は2020年以降ということになる。

「トミー・ジョン手術を受けるとしても、彼は必ずまた第一線に戻ってきて、一流のプレーを見せてくれると思う」バニスターはそう話した。

サンフランシスコ・ジャイアンツは2010年、2012年、2014年にワールドシリーズを制している。今シーズンももちろん上を目指し、敗走の予感を必死に振り払いながら駆け抜けてきた。

ジャイアンツは過去の栄光を取り戻すべく、ベテラン選手に望みを託していたが、それと同時に若手の中心として大谷を据えることも望んでいた。

しかし、ナショナル・リーグの球団であることは不利な要素だと、ブルース・ボウチー監督は知っていた。シカゴ・カブス、ロサンゼルス・ドジャースと同様に、その他の2球団も、ナショナル・リーグであるがゆえに指名打者制度を使えず、二刀流を目指す大谷に好条件を提示できないのだ。

「ナショナル・リーグで二刀流をやるのは確かに容易ではない」ボウチーは言う。「彼の起用の仕方を考えるには想像力が必要とされる。アメリカン・リーグで指名打者をやるほうが、彼にとってはやりやすいだろうね。日本での最後の年は、守備をあまりやっていなかったようだから」

バニスターや世界中の野球ファンと同様に、ボウチーも大谷から目を離せない。何よりも彼が注目しているのは大谷の柔軟性であり、それは193㎝の長身の体の柔らかさを指しているのではない。

スプリング・トレーニングで大谷が苦戦したのを、ボウチーはよく覚えている。大谷はスイングの直前に足を上げ、ファストボールに負けない打力を出そうとしていた。それが上手くいかないとわかると、大谷は日本プロ野球界で通用していた打撃フォームに固執するのをやめ、右足を上げる代わりに軸にして回すフォームに変えていった。

「あの打撃フォームの修正は素晴らしかった」ボウチーは言う。「足を下ろしておくことで、急激に当たるようになっていたんだ。そしてもちろん、彼はマウンドで発揮する才能も持ち合わせている。大谷にとって、今は我慢のときかもしれない。だが、まだ若いんだし、壁を乗り越える時間は充分にある」

もしも大谷がレンジャーズやジャイアンツと契約していたら、チームは勝利よりも敗北の多いシーズンを過ごさずにすんだのかもしれない。しかし両監督は、エンゼルスなら大谷の活躍の場にふさわしいと口をそろえた。

「彼は一流のアスリートであり、正しい選択を行ったと思う」ボウチーは言う。

バニスターもまた、大谷がチームメイトのマイク・トラウトにしっかりと目を向けられるなら、賢明な選択だろうと感じていた。バニスターは3塁手で3000本安打を達成しているエイドリアン・ベルトレが試合前の練習を行っている姿を指さした。

ベルトレは明らかにエンゼルスの新人選手に注目していた。21シーズンを戦い抜いたベテラン選手であっても、闘志は少しも衰えていない。

「大谷はトラウトとてもいい関係を築いている」バニスターは言った。「トラウトとベルトレはいずれも素晴らしい選手で、彼らは野球を心から楽しんで愛している。二人とも、少年がそのまま大人になったような魅力があるし、プレーも素晴らしい。大谷が手本とすべき優れた選手たちだと言えるだろう」

大谷の輝かしい未来

サンディエゴ・パドレスの投手である牧田和久は、その日大谷翔平と久しぶりに顔を合わせた。大谷が日本ハムでプロ野球選手としてデビューした2013年、牧田は埼玉西武ライオンズに所属していた。

大谷のデビュー当時の騒ぎは、さほど牧田の印象に残っていなかったようだ。

「あまり覚えてないんですよね」通訳を介して、牧田は笑いながら言った。

それでも、対戦成績はしっかり把握していた。

「日本では7回対戦しているんですけど、1度も打たれたことはありません」

牧田は大谷がメジャーデビュー1年目で成功したことに、驚いてはいなかった。日本で投打双方の実力を充分示したのだから、メジャーで通用するのも当然だと考えている。

「日本でもこっちでも、これだけ活躍していることを考えると、千年に一人の逸材じゃないかと思いますよ」ライオンズで2度オールスターに選出された牧田はそう語った。「それくらい特別な選手だと思います」

エンゼルスのスター選手となった大谷の独特な才能が、フィールドで輝きを放っている。野球のことしか頭にないという噂は本当なのかと訊かれると、牧田はこう答えた。

「本当ですよ。日本で何度か食事に誘ったことがあるんですけど、断られましたね。なんやかんや理由をつけたり、気乗りしなかったりとかで。でもそれも、野球が好きで練習に打ち込みたいからなんですよ。女の子と出かけるほうが楽しいっていう選手もいるのに。翔平は野球一筋っていうタイプでしたね。たいていの選手は、野球以外に趣味とか好きなことがあるんですけど、翔平は野球だけですね。野球以外にやりたいのも野球って感じで。練習して、試合に出て、いつも野球をやっていることが幸せなんだと思います」

その姿勢は、スプリング・トレーニングに苦戦して批判されたあとにも変わることはなかった。大谷の実力を疑問視した当時の人々の声を、牧田は一笑に付した。

「確かに苦労していましたし、批判的な記事も書かれていましたね。でも、翔平みたいな天才だって上手くいかないときはあります。新しい環境の中で、慣れていくために試行錯誤していただけです。一度コツをつかんだら大丈夫ですよ。単に時間の問題だったんだと思います」

例として、牧田は大谷が右足を上げるバッティング・フォームを修正した点を挙げた。

「こっちではファストボールはものすごく速いですからね。それでフォームを修正したんでしょう」

来シーズンは肘の故障により、大谷の出場は打撃のみに限られ、登板する姿を見ることはできない。牧田も多くの者と同じように、打席だけでなくマウンドに立つ大谷の姿を楽しみにしている一人だ。

「ピッチャーとバッターのどっちの腕前が上なのかは、わかりませんね。どっちもすごいですから。でも今は肘のことがあるので、バッティングだけに集中するとしたら、メジャーリーグ史に残るような記録を出すかもしれません」

大谷のような二刀流スター選手が独自の道を歩んでいく先は、どこへ続いていくのだろう。

「野球選手としてのピークは20代後半なのに、彼はまだ24歳ですからね」牧田は言う。「これからどれだけ伸びるか、それはもう青天井ですよ。上手くなる一方だと思います。あれだけ技術の向上に力を注いでいますし、どんどん上達していくのは間違いないですね。日本には王貞治さんとか、長嶋茂雄さんとか、イチローさん、野茂さんなどの名選手がいます。翔平もいずれ、そういった名選手の仲間入りするんじゃないでしょうか」

二刀流大谷と野球界の今後

タンパベイ・レイズの監督ケヴィン・キャッシュは、大谷翔平という選手があらわれたことで、メジャーリーグ球団の若手育成方法に変化が起きるかもしれないと考えている。キャッシュは二刀流に賛成派で、その姿勢は2017年のドラフト指名にもあらわれていた。

「賛成派なので、われわれは二刀流の選手を指名したんだ」キャッシュは言う。「どんどん出てきてほしいと思っているし、翔平のような選手が今後は増えてくると思う」

レイズは全体4位でブレンダン・マッケイを指名した。彼はルイヴィル大学出身の左投げの投手であり、1塁手でもある。レイズはマッケイを一つのポジションに押し込めようとはせず、マイナー選手として投打双方をやらせている。

「過去数年のあいだ、大学レベルでは二刀流の選手が数多くいたんだが、誰もプロで二刀流をやる機会を与えられることがなかった。今後はその流れが変わっていくと思う」

南カリフォルニアには、まだ10代のスペンサー・ジョーンズという有望株もいる。身長200cm、体重95kgという体躯のこの選手は、大谷が吹き込んだ新たな風の恩恵を受ける一人となるかもしれない。ジョーンズはサンディエゴ郡北部にあるラ・コスタ・キャニオン・ハイスクールで、左投げ左打ちの選手として活躍し、MLBネットワークの年間最優秀高校二刀流選手に選ばれたのだ。

高校の最終学年であるジョーンズは、プロ予備軍の中でもトップレベルの選手であり、ヴァンダービルト大学から野球チームの奨学金のオファーを受けていた。しかし数多の球団がジョーンズに注目しており、多くのスカウトらは彼にこのまま二刀流を続けさせる意向を示している。

「息子に関して様々な球団の話を聞いたところ、野球界は変わりつつあり、スペンサーを真の二刀流選手として起用する姿勢が見られた」父親のクリス・ジョーンズはそう話した。「今後はこの流れが加速していくのではないだろうか」

大谷のおかげで、メジャーの二刀流選手はいつしか独特な存在ではなくなるのかもしれない。

「彼のやっていることはすごいと思うし、野球界でも史上最高にクールなことだと思う」スペンサー・ジョーンズはそう話す。「野球選手はこういうものだっていう概念が完全に変わるだろう。投げるのも打つのもやる二刀流選手への道が、これからもっと拓けていくよ。話をした球団の中には、大谷選手の成功例を挙げている人たちもいた。あれが野球の未来図だと思っているみたいで、次の世代の選手にとっては当たり前になるのかもしれない。先発投手も二刀流、後半で1、2回投げる投手も二刀流とかね」

ジョーンズは、1世紀近く誰もやらなかった二刀流という概念を持ち込んできた大谷に敬意を表している。

「最初に何かをやるってことは、すごく大変なんだ。でも、彼が素晴らしいプレーをすることには驚いていない。むしろ、二刀流選手がこんなに長いあいだ出てこなかったことに驚いているよ」

多くの勝利を得るために、レイズは革新的な手法をどんどん取り込もうとしている。「二刀流は本当に才能のある選手でないとできないが、今後は多くの球団が既成概念を捨て、新しい可能性に賭けるようになるだろう」キャッシュは言う。「翔平のような選手をチームに擁することは大きなメリットになり、その価値はますます上がっていく。彼があれだけの力をこの国で示したのだから。二刀流選手には、一人が複数の役割をこなせるというメリットもある。つまりいずれは、多彩な能力を持つ先発メンバーが増えていくのかもしれない」

17歳の二刀流選手ジョーンズは、先駆者である大谷の切り拓いた道を歩みたいと願っていた。

「正直に言うと、大学じゃなくてプロのレベルで両方をやってみたい。それができる選手はあまりいないだろうから」ジョーンズは言う。「そういった選手の一人だと評価してもらえたら、とても嬉しいね」

大谷が駆け抜けた比類なきシーズンの閉幕

大谷翔平の目覚ましい活躍に満ちたシーズンもついに終わりを迎え、少しばかり苦々しい思いが残る。それは肘の故障のせいで、投手としての大谷を最後まで見届けられなかったからではない。世界中の野球ファンに日々喜びをもたらしてくれた彼のプレーを、しばらく見られなくなるからだ。

今シーズンの打率は326打席で・285、22本塁打61打点、OPS（出塁率＋長打率）は・925。さらに10盗塁も記録している。

投手としては全10登板、51と2／3イニングを投げて4勝2敗、防御率は3・31。9イニングの平均奪三振は11で、通算63奪三振を記録した。

このパフォーマンスは衝撃的なものだったが、マイク・ソーシア監督は少しも驚いていなかった。

「実力以上の結果だとは思わない」ソーシア監督はESPN局にそう語った。「あれだけのことをやれる力が、もともと彼にはあったんだ」

肘の故障で22試合を欠場したとはいえ、大谷は新人王の最有力候補として名を挙げられている。1シーズンに10登板と20本塁打を記録した選手は、1919年のベーブ・ルースと大谷翔平の2人しか存在しない。

そして、デビュー1年目でこれを成し遂げたのは大谷ただ一人だ。

ワールド・チャンピオンになれるのは1チームしかなく、この年もエンゼルスは頂点に到達できなかった。しかしポストシーズンに進めなくても、大谷はエンゼルスを選んでよかったと語っている。

「自分の選択は正しかったと思いますし、その感覚は毎日練習する中でも強くなっていきました」大谷はオレンジ・カウンティ・レジスター紙にそう話した。「試合に出るたびに、いいチームを選んだという実感が強くなりました」

そのあどけない顔には、シーズン中いつも笑顔が浮かんでいた。肘の故障でトミー・ジョン手術が必要だという事実が判明したあとでも、笑顔が消えることはなかった。

「全体的に楽しくやれたと思いますし、充実していました。その点では今シーズンは本当によかったです。でも、プレーオフに進出できなかったのはとても残念です。来年はもっと強くなって、次こそプレーオフに出たいと思っています」

その2019年に大谷はマウンドに立つことはできないが、前年に50以上の奪三振と20本以上のホームランを記録した初の選手となった。

次のシーズンは手術後の肘をリハビリしながらのプレーになるが、少なくとも打席には立てる。

だが、メジャーリーグの1年目は1度しかない。大谷は人生の目標に掲げてきたメジャーデビューを果たし、そこで実力を存分に発揮した。

「たくさんのことを学びましたし、多くの経験ができました。一番よかったことを一つだけ挙げるのは難しいですけど」4月と9月に月間新人賞を受賞した大谷は語った。

「一つ確実に言えるのは、野球選手としての経験をたくさん積ませてもらい、選手として成長できたということです」

ティム・サーモン（1993）、マイク・トラウト（2012）に続いて大谷が3人目の新人王となれば、エンゼルスの獲得するトロフィーはさらに増えることになる。

「新人王については、あまり気にしないようにしています」大谷らしい謙虚な物言いだ。「なるようになると思うので」

一つだけ、答えの出ていない疑問がある。今後大谷翔平のようなデビュー1年目を実現する選手は、いつ出てくるのだろうか？

――――

第15章

注目の2021シーズン

今シーズンの翔平は
本当に冴えわたっていたね
——マイク・トラウト

2021年の春の時点で、大谷翔平にはこの年に何かを成し遂げるような予兆があった。アリゾナで行われていたエンゼルスのキャンプで、すでに大谷のエンジンは全開に近づいていたのだ。カクタス・リーグでは投打双方が好調であり、それは決して一時的なものではなく、むしろ序の口だったと言っていい。

右肘のトミー・ジョン手術から二年半が経過し、すっかり復調していた大谷は、当時シカゴ・ホワイトソックスの一塁手であり、2020年のアメリカン・リーグMVPに輝いたホセ・アブレイユと対峙していた。注目すべきスター選手同士の対決は、大谷がアブレイユを三振に打ち取るという結果に終わった。

それから約72時間後、大谷はクリーヴランド・インディアンスの右投げシェーン・ビーバーと対戦していた。ビーバーもやはり、2020年にサイ・ヤング賞を受賞したアメリカン・リーグの最優秀投手である。

大谷は打席に立ち、左肩にバットを軽く当て、ビーバーの風格に敬意を払いつつ、物怖じせずに戦う姿勢を見せていた。そしてビーバーの投球は力強いスイングでとらえられ、球は空高く飛んでフェンスを越えていった。

アブレイユから三振を奪い、ビーバーからホームランを打つことで、大谷は最高のプレーを見せる瞬間はこれからだと語っているかのようだった。

もちろん2018年の時点で大谷は日本プロ野球界で5年のキャリアを重ねていたし、アメリカン・リーグの新人王にも輝き、その実力を存分に発揮していた。目をみはるような二刀流は、伝説のベーブ・ルースに幾度となく例えられ、野球界を沸かせたものだ。

ところが2021年に改めて大谷が二刀流で野球界を驚かせ、ハードなシーズンを多彩なスキルで乗り切ってみせると、ベーブ・ルース云々という話題に変化が見られた。それまでとは違い、ベーブ・ルースが大谷の高い技術に例えられるという、逆転現象が起きたのだ。

メジャーリーグにおける大谷のキャリアは、ありとあらゆる技術がお披露目された上で、2021年に最高潮に達したと言えよう。いつも笑顔で、喜びが溢れ出るようなそのプレーは、世界中から新たな大谷ファンを何百万人も獲得したに違いない。

若き大谷は熟達した技術と映画スターのようなルックスをあわせ持っている。そして子どものように喜びをあらわにする姿は、メジャーリーグのレベルでそうそう見られるものではない。

「選手として強い印象を残せるようになりたいんです」タイム誌に大谷は語った。「誰もやっていないことをやっているので、まわりから色々言われます。それでも、記憶に残る選手になりたいんです」

この素晴らしいシーズンを締めくくったとき、大谷の打撃成績は46本塁打、100打点、OPSは・965、26盗塁、そして3塁打に至ってはアメリカン・リーグのトップとなる8本という数字を叩き出していた。

この打撃成績だけでもMVP候補に値するものであり、投票では3位以内に間違いなく入ってくる数字だと言えよう。

大谷の場合、ここに投手成績も加わってくるため、このシーズンは他に類を見ないものであり、誰かがこれを超えるとしたら、大谷本人しかいない。

エンゼルスのエース投手として、大谷は9勝2敗、防御率3・18を記録した。全23登板において、130と1／3イニングを投げ、156奪三振。平均すると9イニングの奪三振率は11に近い。自責点は46点で、同じ数の本塁打はまさに、取られた分を取り返すといったところだ。

エンゼルスが大谷とともに戦うことの喜びをどれだけ噛みしめたのかは、WAR（選手の総合的貢献度を表す指標）の数字を見てみれば明らかだ。

打者としてのWARは4・9、投手としてのWARは4・1と、いずれも高いレベルを保っている。

そして両方を合わせたとき、誰にも超えることのできない9・0という数字が叩きだされた。

しかし大谷のような選手は比較対象がないため、本人も2021年の成績を手放しで受け入れているわけではないようだ。

「なんと言っても、比べる相手がいないので。自分のような選手がたくさんいて、比べることができれば、数字の良し悪しもわかると思うんですけど。どう評価すべきなのか、難しいところです」

ベーブ・ルースの後継者として、大谷は熱狂的なシーズンを乗り越えた自分の存在を、他の選手たちとは分けて考えているらしい。

「翔平が何をやっても、もう驚かなくなったよ」その年のオールスター・ゲームで、マイク・トラウトは語った。「いつもいつも、毎晩のように見ていることだからね」

過去に例を見ないシーズンとなったのは、大谷への制限が取り払われたせいでもある。エンゼルスに入団してからの3シーズンは本人も球団も慎重で、1世紀近く誰も歩んでこなかった道を、少しずつ開拓していくという姿勢だった。入団したばかりの頃は、登板した当日はもちろん、その前後の日にも打席には立たなかった。しかし2020年に就任した監督ジョー・マドンは、バットかグローブのどちらかを選ばせるような制限を一切なくしたため、それが大谷にとっての福音となった。大谷は一日のうちにマウンドにも打席にも立ち、それを連日行うようになった。なおかつ登板したあと、戦力としてラインナップに残され、打席に立つ前に外野手としてプレーする姿まで見られたのだ。

これだけの多彩な活躍を見せ、驚くほどの記録を打ち立てたことで、大谷のオールスター・ゲームのメンバー入りは確実だった。名選手であっても出場が叶わないこともあるオールスターの試合に、大谷は難なく出ることができる。

さらに大谷はホームランダービーにも出場し、アメリカン・リーグの先発投手として活躍し、先頭打者としての役割もこなした。

フィールドの外でも、大谷は一層驚くべきことを成し遂げていた。ホームランダービーで得た報酬15万ドルを、球団の職員やトレーニングスタッフに贈ったというのだ。

大谷の存在自身が報酬以上に価値のあるもので、毎日のように驚かされるのがあたりまえになっている。

シーズンを語るにあたり、オークランド・アスレチックスとの対戦では序盤に早くも見せ場を作っていた。

第一試合の最初のイニングで、大谷の投球は160kmを超えた。さらに同じ回でホームランを放ち、打球は180kmのスピードで137mの距離を飛んでいった。これまでに一試合で投球も打球も160kmを超えたという選手が誰もいないのはもちろんのこと、1イニングでそれをやり遂げたという事実には、驚きを抑えることができない。

素晴らしき2021年を締めくくる最後の試合はシアトル・マリナーズ戦で、それもまた見どころに満ちた試合となった。打撃だけを見てみても、大谷は46号ホームランを127mも飛ばし、100打点目をあげた。

そうした数字は、その年の最高記録に迫り、超えるものもあっただろう。45本塁打、100打点、100得点、20盗塁、100イニングの投球、そして150奪三振。

「大谷を超える選手が将来出てくるとしたら、それは大谷自身だね」マドン監督は記者たちにそう語った。

アメリカン・リーグのMVPへの投票が済んだとき、30票のすべてが1位に大谷の名を記しており、満票で選出されたのは大谷で19人目だった。また、エンゼルスからのMVPはドン・ベーラー（1979）、ヴラディミール・ゲレーロ（2004）、そしてマイク・トラウト（2014、2016、2019）が名を連ね、そこに大谷も加わることとなった。

「今シーズンの翔平は本当に冴えわたっていたね」トラウトは動画のメッセージで取材陣に語った。「時々リトルリーグの頃に戻ったような気分になる。ひとりの選手が8イニング投げて、ホームランを打って、盗塁もして、それからライトを守るなんて。でも一番驚かされたのは、フィールドの中でも外でも常に翔平が真剣な姿勢を保っていることだよ」

ようやく叶った大谷の夢のようなシーズンは、彼に対する人々の見方をも変えた。かつては二刀流をやろうとする大谷のことを、否定的に見る者たちも存在した。

そうした者たちはさぞかし臍（ほぞ）を噛んでいることだろう。大谷は期待通りどころか、それをはるかに上回る活躍を見せたのだから。


大谷は子どもの頃から、同郷のイチローを目標にしていたという。そして渡米したあとの初のスプリング・トレーニングで打率・125と苦戦し、イチローにアドバイスを求めたそうだ。

それが今や、イチローも大谷もメジャーリーグでMVPを獲得した日本人選手という、同じ立ち位置に来るまでになった。

「子ども時代にイチローさんがMVPを取るのを見て、自分もいつかメジャーでプレーしたいと思いました」水原一平の通訳を通して大谷は語る。「できれば僕も今、子どもたちからそういうふうに見てもらえたらいいなと。そのうち、見てくれている子どもたちと一緒に野球ができたら素晴らしいですね」

2021年の大谷は間違いなく素晴らしかったし、これほどのシーズンは二度と見られないかもしれない。

第16章
有言実行でつかんだWBC優勝

僕からはひとつだけ。
憧れるのをやめましょう——大谷翔平

2023年、ワールド・ベースボール・クラシック――WBCの決勝戦に向けて、大谷翔平は奮い立っていたに違いない。三度目の優勝を目指す日本の前に立ちはだかるのは、アメリカ代表チーム。28歳にして多彩な才能を持つ大谷は、めったに見せることのない新たな一面をここで披露しようとしていた。

大谷が咳払いすると、マイアミのローンデポ・パークのクラブハウスに集まった代表チームのメンバーは、この類まれな選手に一斉に目を向けた。誰もが固唾を飲んで、運命の9イニングを前に大谷が呼びかけ、団結を強めるのを待っていた。

「僕からはひとつだけ。憧れるのをやめましょう」大谷はMVPやオールスター・ゲーム経験者を擁するアメリカ代表チームについて語った。「やっぱり憧れてしまったら、超えられないので。僕らは今日超えるために、トップになるために来たので。今日1日だけは、彼らへの憧れを捨てて、勝つことだけを考えていきましょう」

それは日本国民全員の心境でもあった。誰もが日本代表のあらゆる投球、あらゆる打球、そして試合の展開を食い入るように見つめ、この国民的スポーツにおいて代表チームが勝利を重ねていくのを見届けてきている。

準々決勝までの試合は満員の東京ドームで行われ、楽器の音や選手名の掛け声など賑やかな雰囲気の中、暗いムードは一切なく、お祭りさながらに誰もが国の誇りである代表選手たちを応援していた。

日本のファンによれば、大谷ほど国民の期待を背負った夢のようなヒーローは存在しないそうで、あの強肩にかかるであろう重圧はかなりのものだという。

「子どもたちはみんな、大谷に憧れているよ」

憧れないわけがない。

大谷はなんと言っても、2021年のアメリカン・リーグMVP、2018年の新人王といった実績を残し、世界一の舞台で戦うに値する選手なのだから。その原動力となったのは、既成概念にとらわれない優れた投球と打撃の両立だった。

しかし大谷の才能は2012年、17歳で花巻東高校の選手として出場した甲子園で、すでに輝きを見せていたのだと日本の野球ファンは語る。当時すでに大会で球速160kmを記録していた大谷の快進撃はそこから始まり、その旅路の行きついた先がWBC決勝前のチームメイトに向けた真摯な言葉だった。そして、最高の舞台が幕を開けた。

大谷は日本プロ野球界で5年プレーし、ロサンゼルス・エンゼルスに移籍してからは6年目になる。天の恵みかと思うほどの礼儀正しさと温かい人柄をあわせ持ち、それでいて過去に類を見ない偉業をフィールドの内外で成し遂げている。

WBCの第5回大会では、大谷の高い実力が改めて顕著になった。アメリカとの決勝戦よりも前に、大谷は大会最速の投球（164km）、打球（191km）、なおかつ最長の飛距離のホームラン（136m）を打ち、三冠を達成していたのだ。

　大谷は大谷の持つ力を発揮し、それは驚愕の記録であると同時に、もはや日常的なものになりつつある。


　アメリカ代表チームの監督であり元メジャーリーガーのマーク・デローサも、やはり大谷の実力に一目置いている。

　デローサも他の選手たちも、フィールドで多彩な活躍を見せる選手を知らないわけではない。大谷が他と違うのは、それを一流の舞台でもやってのけることだった。

「大谷のやっていることは、選手の9割がリトルリーグや学生時代にやっていたことなんだ。彼にはそれをメジャーリーグのレベルでやる力がある。野球界のユニコーンと呼べるほど貴重な存在だ」

　日本は準決勝でメキシコに劇的なサヨナラ勝ちを決めた。この勝利の前に、日本はイタリア、オーストラリア、チェコ、韓国、そして中国を下してきていた。

　一方のアメリカはメキシコに敗北を喫したものの、キューバ、ベネズエラ、コロンビア、カナダ、イギリスを下して決勝に進出してきた。

　決勝は強豪同士の対戦であるだけでなく、ドラマティックに有終の美を飾れるであろう劇的な試合となることが予想された。

「世界中の人々がこの試合を観ているんだと思った。何があろうと、今夜は野球界の勝利に他ならないよ」デローサは語った。

大谷とマイク・トラウトの対決にも注目が集まる。相手はアメリカン・リーグのMVPに3度輝いた名選手であり、大谷のチームメイトでもあるのだ。2018年の大谷入団の際、重要な役割を果たしたのがトラウトであり、結婚式の行なわれる週末にアナハイムまでわざわざメッセージを送ってくれたという経緯もある。

そんなトラウトに対して、大谷が豪速球を投げて勝負を挑むというのだから、これは観ずにいられない。

「野球好きならみんな注目しているだろうね」アメリカ代表チームのキャプテンであるトラウトは言った。「この1カ月半、ずっと大谷との対決についてばかり訊かれてきたよ。これほどラストにふさわしい対決があると思うかい?」

記念すべき大谷とトラウトの対決は、試合展開が二転三転し、なかなか実現しなかった。ショートのトレイ・ターナーが2回にホームランを打ってアメリカが1—0で先制し、大会最多の5本塁打を記録した。そして同じ回の裏で、準決勝でメキシコにサヨナラ勝ちを決めた村上宗隆がソロホームランを放って1—1の同点に追いついた。

ラーズ・ヌートバーは初の日本国外で生まれた日本代表選手であり、彼のファーストゴロによって日本はさらに1点を追加して2―1とリードする。また、ファーストの岡本和真も4回で左投げのカイル・フリーランドからソロホームランを放ち、日本は3―1とさらに追加点をあげる。

アメリカの指名打者カイル・シュワーバーが、8回にダルビッシュ有から133mのホームランをセンターに放って3―2まで追い上げると、勝負の行方は9回の大谷とトラウトの対決でクライマックスを迎える。

大谷は身体をほぐすためにブルペンまで二回ジョギングしていたが、それまでは指名打者だったことを思うと、どことなく不思議な光景に見えた。そして大谷が十代の頃に憧れていたダルビッシュが8回を投げ終えたあと、次にマウンドに立ったのは今やダルビッシュが一目置く存在だった。そう、大谷だ。

2016年に日本ハムでプロ初セーブを記録した大谷は、今やナショナル・リーグのトップ打者や3度のMVP受賞を誇るメジャーリーガーたちと対峙する立場になっていた。

2塁手のジェフ・マクニールがフルカウントになったあと、大谷の投球がストライクゾーンの下辺に届かず、歩かせてしまう。次の打者はライトのムーキ・ベッツで、WBCでは10本のヒットを放って活躍していた。ところがベッツが4―6―3のダブルプレーで打ち取られてしまうと、日本はあと一歩で勝利をつかむところまで近づく。

マウンドに立つ大谷に対し、打席に向かうのはトラウト。二人の選手は試合開始前にそれぞれの祖国の国旗を掲げて入場し、観客に紹介されていたが、この対決の場では改めて紹介するには及ばない。

いつもはエンゼルスの仲間である二人が、今は敵として向かい合う。トラウトは勝利への希望を必死につなぎとめようとしている。

1回に2塁打を放っているトラウトは打席に入る際に、大谷に視線を向けた。

大谷は会釈することもなく、オールスター10回選出と未来の殿堂入りが確実な名選手への戦略に、集中しきっているようだった。

「勝負に徹する男なのさ」トラウトはのちに語った。「だからこそ、あれだけの実力があるんだ」

大谷はとてつもなく集中している。観客もまた、固唾を飲んで見守っていた。

「最後の最後で対戦するとは思わなかったので。ちょうど来るかなとは思っていましたけど、まさか最後の最後になるとは思わなかったです」大谷は試合後にそう語った。

まず1球目は145㎞と控えめなスライダーで、トラウトはそれを見送り、判定はボール。優れた選球眼で容易に見極められ、球は中村悠平のミットに吸いこまれていった。相手の強みをしっかりと頭に入れ、大谷は次に挑んだ。

2球目は真ん中への160㎞のファストボールで空振りとなり、これでカウントは1—

1。3球目も160kmを記録したものの、外側に逸れてカウントは2―1となる。

4球目も160kmを記録し、トラウトの力強いスイングはまたしても球をとらえることができず、2―2。

5球目は低めのファストボールで中村のミットにおさまることができず、これでフルカウントとなって、ローンデポ・パークはダグアウトから観客席まで、溢れださんばかりの熱気に包まれていた。

二人のトップ選手が、その実力を最大限に発揮できる劇的な舞台で、今まさにドラマを生み出そうとしている。次の投球にすべてがかかっており、緊張感は極限まで高まる。

ここまでファストボールは4球だったが、トラウトは一度もバットでとらえることができていない。勝負にはあと1球が必要であり、大谷はここでベストの球を投げなければ、同点に追いつかれる瀬戸際にあった。

ところが大谷は、彼らしくこの状況を独自のレンズを通して見ていたようだ。ほぼ満員となっているスタジアムで総立ちの観客3万6098人がファストボールを待っていたのに、大谷はその期待を裏切った。

というよりも、トラウトを欺いたと言っていい。

大谷の投げたスイーパーが打席のトラウトへと向かい、次の瞬間に響いたのは、中村のミットがしっかりと球を受けとめる音だった。

ひりつくような戦いを制した大谷は、きわめてまれな状況にトラウトを追いこんだ。1試合で3度もの空振り三振。メジャーリーグで6174回打席に立ったなかで、トラウトが3度の空振りをしたのはたったの24回だという。

中村のミットが確実に、間違いなくボールをつかんだ瞬間に、日本チームは歓喜の渦に包まれる。

その直後、大谷は何かを放り投げた。ボールではなく、自慢の右腕から放たれたのは、自身のグローブと帽子。やがて熱狂したチームメイトたちが大谷をもみくちゃにしていった。

「人生最高の瞬間だ」という大谷の声が聞こえてきそうだ。

トラウトは感情を抑えてはいたものの、チームを救えなかったことで落胆しているのがありありと見て取れた。

「望み通りの展開にできなくて、悔しいよ。今回はあいつに軍配が上がったね」

日本はこうして世界を制し、大谷が堂々と優勝杯を掲げることとなった。大谷の夢がまた一つ叶ったのだ。それも日本全体がチームとなって。

総理大臣から一般市民まで、大谷はすべての日本国民の望みを実現したことになる。

団体競技でたった一人の選手の貢献が優勝につながることは滅多にないだろうが、大谷がウェイトリフティングのようにＷＢＣのタイトルを頂点まで掲げたのは、唯一の例外と言っていいだろう。

大会ＭＶＰを受賞した大谷の打撃成績は、打率・４３５、１本塁打、２塁打４本、８打点、10四球。投手成績は２勝、11奪三振、防御率は９と２／３イニングで１・８６。

大谷は狂喜乱舞の渦にあり、その他の日本代表メンバーの喜びも、トラウトの無念さとは対照的だった。結果を出せなかった彼の打撃は、力不足というよりもむしろ、大谷の実力が存分に発揮された事実を物語っていたのだと言えるだろう。

大谷の最後の投球はトラウトを打ち取っただけでなく、大谷とまわりの選手たちの実力差に関する論争に火をつけた。

「あの投球は素晴らしかった」３塁手のノーラン・アレナドが語る。「マイク・トラウトが打てないんじゃ、他の誰にも打てないよ」

もちろん大谷は他の誰とも異なる存在であり、その事実こそがＷＢＣの全試合を通して明らかになったことだ。

ＷＢＣ優勝は誰もが憧れる野球界の栄光だ。けれどもこの日出づる国にとって、それがどれだけ価値のあるものかを知る者は少ない。

「日本に勇気と元気を与えていただいたことに感謝を申し上げます」代表チームから報告を受けたあと、日本の岸田文雄首相は語った。「個人の力とチームの力が合わさったからこそ、大偉業を成し遂げた。心から感謝しています」

そして大谷へ浴びせられる賞賛は、とどまるところを知らない。

日本にとって国民の息子であり、今や野球界のトップ選手である大谷よ、ありがとう。

野球界が宇宙であるなら、その中心にいるのは間違いなく、大谷翔平その人だろう。

謝辞

２０１８年もっとも注目を浴びたメジャーリーガーといえば、エンゼルスの大谷翔平がまず思い浮かぶ。ロサンゼルスでもニューヨークでも、東京でも北京でも、フェイスブックでもツイッターでも、大谷のメジャー1年目についての話題がそこかしこで溢れ返り、尽きることのない議論が繰り広げられていた。本書は、そんな大谷の様々な素顔に迫っている。けれども本書は、ジャーナリスト仲間の多大な協力がなければとても完成できなかった。リサーチや執筆が可能となったのは、彼らの力があったからこそだ。

以下の方々に感謝したい。mlb.comのマリア・グアルダードとエイヴリー・ヤング。ロサンゼルス・タイムズ紙のディラン・ヘルナンデス、マイク・ディジオヴァンナ、ジェフ・ミラー、ビル・シェイキン、そしてビル・プラシュク。オレンジ・カウンティ・レジスター紙のジェフ・フレッチャー。ブリーチャー・レポートのスコット・ミラー。USAトゥデイ紙のボブ・ナイテンゲール。ヤフー・スポーツのティム・ブラウン。最後に、共同通信社のジム・アレン。

本書は、2019年3月20日に辰巳出版より刊行された
『大谷翔平 二刀流の軌跡』を再編集し、文庫化したものです。
当時の取材記録であるため、
現在は所属チーム等が変更になっている場合があります。
なお、第15章と第16章は文庫化にあたり追加収録しています。

大谷翔平
二刀流メジャーリーガー誕生の軌跡

著者　ジェイ・パリス

訳者　関 麻衣子（せき まいこ）

2023年7月1日　初版第1刷発行

発行者　廣瀬和二

発行所　辰巳出版株式会社
〒113-0033 東京都文京区本郷1-33-13春日町ビル5F
電話 03-5931-5920（代表）
FAX 03-6386-3087（販売部）

印刷・製本所　中央精版印刷株式会社

ブックデザイン　鈴木成一デザイン室

ISBN978-4-7778-3038-1 C0195 Printed in Japan